9 Le nez qui coule

J'ai le nez qui coule
Qui coule, qui coule,
Je me mouche,
Je me mouche,
Je me mouche,
Ça ne sert à rien,
Mon nez est toujours
Aussi plein,
Il coule, il coule,
Il coule,
C'est infernal,
Je me sens mal,

Promis,
À partir d'aujourd'hui,
Je garderai
Mes chaussons aux pieds,
Et même au lit,
Si cela peut empêcher
Mon pauvre petit nez
De couler !

10 L'ogre

Pour mon dîner,
Je voudrais
Une petite demoiselle.
Celle-ci a des points
Comme une coccinelle,
Ne dirait-on pas
Que c'est la varicelle ?
Je préfère encore
Ma soupe aux vermicelles !

Et pourquoi pas
Pour mon repas
Un bon petit gars ?
Voyons cela :
Celui-là ne remplit pas
Un demi-plat,
Et celui-ci sent
Le vieux pyjama,
Je n'en veux pas !

Ce n'est pas facile
D'être un ogre méchant :
Les petits enfants
Ne sont plus aussi frais
Qu'avant !

11 L'arbre à marshmallows de Loïs

Dans le jardin
J'ai planté
Un marshmallow
Rose et gonflé,
Au printemps
Peut-être qu'un arbre
Aura poussé ?
Je n'aurai plus
Qu'à ramasser
Un plein panier
De marshmallows
Roses et gonflés.

12 Chef cuisinier

Quand je serai grand,
Je serai cuisinier,
Un vrai, un grand cuistot,
Je ferai des gâteaux,
Des entrées et des plats
Vraiment originaux,
Chaque assiette sera
Une belle surprise,
Et ce sera comme
Manger des friandises
Tout au long du repas !
Les petits et les grands,
Tout le monde
Aimera !

13 Poème à deux voix

J'aime
Me promener sur la plage,
Ramasser des coquillages,
Jouer dans les vagues,
Et lire sous un arbre,
Marcher pieds nus
Dans la forêt.

J'aime
La salade, les desserts
Et la soupe en hiver,
Faire des chatouilles
Aux bébés
Et qu'ils me fassent
Des baisers.

J'aime...
Mais c'est à toi
De continuer :
Allez, dis-moi
Ce que tu aimes,
Je t'écoute :
Viens dans mon poème.

14 Du soleil

Je suis amoureux de Leïla.

Elle a un grand sourire soleil,
Une jolie peau couleur café,
Et des cheveux tout frisés.

Les autres se moquent d'elle,
Pas moi.

Moi j'ai des taches de rousseur,
Et les cheveux d'un roux si clair
Qu'on croirait voir le soleil.

Les autres se moquent de moi,
Pas elle.

Je suis amoureux de Leïla,
Et quand on est ensemble, nous deux,
On fait tellement de soleil

Que plus personne ne se moque,
Crois-moi.

15 Ton prénom

Maïa, Lou, Rémi,
Malo ou bien Sacha,
Noah, Malou, Marie,
Loann ou Eléna ?

Que c'est difficile
De trouver un nom,
Un joli prénom
Qui plaise à Maman,
Qui plaise à Papa,
Et qui ne soit pas
Comme ci ou comme ça,
Un nom de petite fille
Qui chante, qui pétille,
Un nom de petit gars
Doux, fort à la fois.

Pour toi on a choisi
Celui-là,
Voilà pourquoi...

16 Mon copain

C'est le meilleur de mes amis,
Il me fait rire comme personne,
Il est toujours d'accord pour jouer,
Il a des idées vraiment bonnes !

S'il a besoin de moi, je viens,
Toujours prêt, je suis son copain !
Je sais que je peux compter sur lui,
Même quand j'ai de gros ennuis.

Avec lui, pas besoin de frime,
Tout devient drôle, même la cantine,
On est vraiment inséparables,
Une sacrée paire de petits diables !

17 Le secret

Je vois bien que l'on me cache
Quelque chose,
Je vois bien que Maman change,
Elle est souvent fatiguée,
Elle ne veut plus me porter,
Et pourtant,
Elle m'embrasse sans arrêt,
Elle m'appelle « Mon petit ange »,
Et elle reste à rêvasser,
C'est étrange.

Quelqu'un peut-il m'expliquer
Le secret ?

18 Petite sœur à croquer

Comme une pomme,
Ma petite sœur
A les joues rouges,
Une petite trogne
De bonheur.

Elle est craquante,
Douce et sucrée,
Parfois aussi
Acide, méchante
Et bonne à jeter.

Petite trogne
Quand elle est douce,
Trognon de pomme
Quand elle me pousse,
Je lui donne de jolis noms.

Mais qu'elle soit acide
Ou sucrée,
Ma petite sœur,
Elle est toujours belle
À croquer.

19 Dispute

Cela crie,
Cela rouspète,
Cela pleure,
Cela tempête :
Vilaine petite sœur !
Méchant frère !
Petite sorcière !
Gros menteur !

Quel malheur,
Que va-t-on faire
De ces deux-là
Qui se battent
Comme chien et chat ?
Les séparer,
Évidemment,
Dans votre chambre,
Immédiatement !
Mais aussitôt :

Cela crie,
Cela rouspète,
Cela pleure,
Cela tempête :
Je veux mon frère !
Je veux ma sœur !
Il y a de quoi perdre
La tête !

20 Mardi gras

Mardi gras, quelle fête !
Maman nous fera des crêpes,
Des beignets et des nonnettes,
Je me régale déjà !

Mardi gras, quelle joie !
C'est un jour pour s'amuser,
Danser, rire, se déguiser,
Je voudrais y être déjà !

21 Ma péniche à bric-à-brac

Dans ma péniche
À bric-à-brac,
On trouve de jolies choses
En vrac :
Une plume ayant appartenu
À un oiseau d'Honolulu,
Un petit collier très léger
De perles de lune
Bigarrées,
Un masque de Venise
Étonnant
Qui fait sourire
Même les méchants,
Des choses magiques
Comme cette épée
D'un grand roi du temps passé,
Ou cette vieille chaussette trouée
Qui chatouille quand on la met
Sur ses doigts de pied,
J'ai même trouvé,
Dans un bocal bien fermé,
Le cri d'un lionceau égaré
Que sa maman a retrouvé
Juste après,
Et quelque part, bien cachée,
Une sucette à la groseille,
Délicieuse,
Et qui ne s'use jamais.

22 Neige à déguster

Tout est blanc,
Blanc comme le lait,
Un blanc frais
Pour glisser,
Un blanc de neige
Mousseux, léger,
À déguster
Comme un dessert,
Avec une toute
Petite cuillère,
Pour que cela dure
Vraiment longtemps.

23 Sports d'hiver

C'est les vacances !
Je pourrais le chanter
À la planète entière,
Tellement je suis heureux
Et tellement je suis fier.
Je pars aux sports d'hiver,
Je vais faire du ski
Avec mon grand-père,
De la luge peut-être,
Des balades en raquettes,
Le soir, il m'emmènera
Manger de la raclette,
Des saucisses et des crêpes,
On sera juste entre hommes,
Sans personne,
Juste nous deux,
Ce sera merveilleux !

24 Le chat botté

C'est l'histoire d'un petit chat
Chat chat chat !

Qui avait des bottes aux pieds
Pied pied pied !

Arriva une beauté
Té té té !

Qui lui dit : « Mon petit chat
Chat chat chat !

Mon petit chat botté
Té té té !

Donne-moi tes bottes, s'il te plaît
Plaît plaît plaît ! »

Mais le chat refusa
Sa sa sa !

Et la belle s'en alla
La la la !

En colère et dépitée
Té té té !

25 La moustache de Pistache

Le panda Pistache
Cherche sa moustache.
Peut-être qu'elle se cache
Dans le grand chapeau
De Jojo le manchot ?
Peut-être qu'elle se cache
Dans les petites chaussettes
De Juliette la chouette ?
Ou peut-être qu'elle est
Dans la tasse à thé
De la mouche tsé-tsé ?

Moi je sais où elle est :
Juste sous son nez.

26 N'importe quoi !

Une grenouille qui fait l'andouille,
N'importe quoi, n'importe quoi !

Un chameau qui porte chapeau,
N'importe quoi, n'importe quoi !

Une libellule somnambule,
N'importe quoi, n'importe quoi !

La petite souris dans mon lit,
Ça, j'y crois ! Ça, j'y crois !

27 Vite !

Vite !
Je suis en retard
Il faut courir
Après le train
Il ne faut pas
Le manquer
Sinon la journée
Toute la journée
Sera changée
Chamboulée
Oui mais
Elle ne sera pas
Manquée
Au contraire
Elle sera
Surprenante
Étonnante
Différente !
Alors je préfère
Ne plus courir
Laisser le train
Partir, s'en aller
Ne pas m'inquiéter
Et bonne journée !

28 Dur de se lever !

Le matin
Quand le réveil sonne,
Que c'est dur
D'ouvrir ses yeux
Ensommeillés,
Ce serait si bon
De rester
Bien au chaud
Dans son lit douillet,
Ne pas se lever,
Juste se sentir
Flotter, partir,

Mais quelque chose
Bourdonne
Comme une abeille,
C'est le réveil
Qui s'étonne :
« Que fais-tu donc,
Petit homme ? »

Il nous énerve,
Il nous assomme,
Il nous empêche
De refaire
Un petit somme,
Pour le faire taire,
On lui donne
Une bonne tape,
Et c'est bien fait,
Plus rien ne sonne,
Il est vexé,
C'est toujours ça
De temps gagné
Avant que les parents
Prennent le relais !

Mars

1 Pique-nique gourmand

J'ai faim, je suis affamé,
Voyons ce que j'ai
Pour mon pique-nique :
Un sandwich au pâté,
Je vais me régaler,
Une bouteille d'eau qui pique,
C'est pour bien digérer,
Un sandwich au jambon,
Que c'est bon !
Et un autre au fromage,
Je suis grand pour mon âge,
En guise de dessert :
Une orange du Mexique,
Je la garde pour après,
C'est tout ?
Alors là je panique,
Je cherche dans les poches
Partout,
Ouf ! tout au fond, bien cachée,
Il y a
Une barre chocolatée.

Maman aime les surprises
Et moi les friandises !

2 Le vieil arbre de la prairie

Arrête-toi
Près du grand arbre
Dans la prairie,
Mets tes bras
Tout autour de lui
Et reste là,
Ne bouge pas,
Au début, il ne dira rien,
Il sera tellement surpris
De tes bras
Tout autour de lui,
De ta peau douce
Sur son écorce,
Puis peu à peu
Tu entendras,
Comme un murmure
De sève, de joie,
Sa voix de feuilles
Descendre vers toi,

Tu verras,
Il te parlera.

3 Pluie chatouille

J'aime la pluie,
La pluie qui tombe,
La pluie qui mouille,
Je suis heureuse
Comme une grenouille
Dès que j'entends
La pluie chanter,
Je sors dehors,
La tête nue,
Pour écouter
Sa petite chanson
Gaie et têtue,

Je veux sentir
La pluie couler
Sur mes joues,
Me chatouiller
Le bout du nez,
Le petit cou,
Cela me fait rire,
Je suis heureuse
Comme une grenouille
Car j'aime la pluie,
La pluie qui tombe,
La pluie qui mouille !

4 Étoile d'araignée

Ce matin,
Il y a une étoile,
Étoile d'araignée,
Brillante et couverte
De gouttes de rosée,
Au fond du jardin.

Je fais attention
De ne pas la casser,
Ce ne serait pas gentil
Pour l'araignée,
Qui a mis toute la nuit
À recopier
L'étoile dans le ciel
Qu'elle préférait.

5 Croque-au-ciel

J'ai faim,
Je croque un bout de ci
Par-là,
Je croque un bout de ça
Par-ci.

J'ai très faim,
Et j'ai tout mangé
Par-ci et par-là,
Il ne reste que toi,
Que toi et le ciel.

Je choisis le ciel,
À croquer comment ?
Un p'tit bout par-ci,
Un p'tit bout par-là,
À la croque-au-sel !

6 La vie en poésie

Un peu de poésie
Dans la vie,
Ça fait du bien,
Ça ne coûte rien
Et c'est joli,
Deux fleurs posées
Dans une assiette,
C'est déjà se conter fleurette,
Un petit mot tendre sous l'oreiller,
Un cœur sur un bout de papier
Avec un prénom griffonné,
Et pour entendre
Le chant des vagues,
Quelques coquillages
Sur la table.

Ce n'est pas grand-chose,
Presque rien,
Mais cela fait vraiment du bien.

7 Fête des grands-mères

Une grand-mère, c'est précieux,
Il faut en prendre bien soin
Et lui faire de gros câlins,
Lui dire comme elle est belle,
Aussi belle qu'une hirondelle,
Cela la fera bien rire,
Vous aurez un bon fou rire,
Et l'espace d'un instant,
Elle redeviendra un enfant,
Après vous vous raconterez
Mille et un petits secrets
Que les parents ne savent pas,
Et à l'heure du goûter,
Vous boirez un chocolat
En regardant la télé,
Une grand-mère, c'est extra !

8 Bain givré

Tous mes trésors
Contre un bain de mer,
Salé, bien frais,
Je flotte, je nage, je ballotte,
Je me sens bien,
Comme un petit ballon
Léger
Qui ne demande qu'à s'envoler,
Après j'ai des frissons partout,
Parfois même je grelotte
Et je m'enveloppe
Dans ma serviette
Jusqu'au cou,
Mais je me sens si bien,
Légère,
Libre comme l'air,
Que j'ai envie d'y retourner
Le jour d'après !

9 Ennui

Je m'ennuie
Aujourd'hui
Samedi
Dans mon lit
Tout est triste
Tout est gris
Le ciel pleure
De la pluie.

Qu'y puis-je faire ?

Ça y est
J'ai trouvé !
Prendre un livre
Me blottir
Bien au chaud
Dans mon lit
Et puis lire
Et rêver.

10 Mon petit chat

Je voudrais un petit chat
Rien qu'à moi,
Mais ma maman ne veut pas,
Elle me répond toujours :
« Peut-être, un jour, on verra »,
Et mon papa dit que je suis
Encore trop petit pour ça,
Que je ne m'en occuperai pas.

C'est injuste,
Parce que moi, je l'aime déjà,
Le petit chat que je n'ai pas.

11 Gros appétit !

Que c'est bon de manger
Quand on a bien joué,
Et que l'on n'en peut plus
De courir, de sauter !
Et s'il y a des frites
Ou alors un gâteau,
Un gros gâteau tout chaud
Avec du chocolat
Et de la crème délice,
Miam ! miam !
C'est trop bien,
C'est trop bon,
De faire le glouton !

12 Les œufs d'anniversaire

Paulo l'oiseau
Pond des œufs rigolos,
Des œufs multicolores
Que les enfants adorent,
Des œufs extraordinaires
Qui se transforment en gâteaux
Pour les anniversaires !
Il suffit des les casser
Dans un grand récipient,
Et de les mélanger
En fermant bien les yeux
Et en imaginant
Le gâteau que l'on veut !
On prend ensuite un moule,
On y verse la pâte,
Elle se transforme en boule
De toutes les couleurs,
Puis elle devient toute plate
Quand on la met au four !
Il faut encore compter
Jusqu'à 10 sur ses doigts,
Et on sort un gâteau
Digne des plus grands rois !

Mais le plus rigolo,
Le plus extraordinaire,
C'est lorsque le gâteau
Commence à chanter
« Joyeux anniversaire ! »
Sur la table au goûter !

13 Hirondelle

Hirondelle, jolie hirondelle,
Tu as bien de la chance,
Tu voles dans le soleil,
Tu fais ce qu'il te plaît.

Demoiselle, jolie demoiselle,
Tu as bien de la chance,
Tu cours dans le soleil,
Sois patiente.

Un jour, toi aussi,
Tu ouvriras tes ailes,
En attendant, profite,
Va jouer dans le soleil.

14 Les corbeaux roses

Dans la forêt du Pré-Joli,
Près du grand arbre à confettis,
Vivent deux corbeaux
Roses et sucrés,
Ils ne se lèvent qu'à midi
Pour prendre un bain de chantilly,
Manger ensemble des spaghettis,
Et tricoter des pulls douillets
Avec de la laine de bébé,
Après ils retournent se coucher,
Encore plus roses et plus sucrés,
Dans le grand arbre à confettis
De la forêt du Pré-Joli.

15 La chanson de la pluie

J'entends la pluie qui tombe,
J'entends la pluie qui chante,
Au chaud dans la maison,
Cette chanson m'enchante,
Me berce et me raconte
L'histoire très étonnante
De l'eau qui vient du ciel
Pour rafraîchir la terre,
J'imagine que les plantes
Boivent à petites gorgées,
Les roses, les agapanthes,
En sont toutes décoiffées,
Mais elles sont bien contentes
Et se mettent à danser.

16 Au ski

Tôt, il faut se lever,
Et puis enfiler
Des tas de vêtements
Chauds et étouffants.

Dehors tout est gris,
Le froid est piquant,
On porte ses skis
Et c'est fatigant.

Mais quand on s'élance
Tout en haut des pistes,
On s'envole, on glisse
Dans un monde blanc.

Quelle récompense !
Quel enchantement !

17 Jambe dans le plâtre !

Comment c'est arrivé ?
Je ne sais pas.
Je suis tombé,
Et puis voilà,
Tombé sur le derrière,
Et patatras !
Je n'ai pas eu mal,
Pas tant que ça,
Mais quand j'ai voulu
Me lever,
Ma jambe n'a pas voulu
Marcher.

On m'a emmené
Chez le docteur,
Il m'a plâtré,
Quel bonheur !
Depuis le temps
Que j'attendais ça !
Si tu veux,
Tu peux signer là !

18 La maîtresse

À l'école, dans ma vie,
C'est quelqu'un d'important,
C'est une grande personne
Qui m'aide à devenir grand.

Elle est gentille souvent,
Elle crie un peu parfois,
Ce n'est pas ma maman,
Ce n'est pas mon papa.

Elle a beaucoup d'enfants
Tous les jours autour d'elle,
Elle leur apprend les lettres,
Elle joue à la marelle.

Et tout le monde la trouve belle.

19 Avis contraires

1, 2, 3, je vais à l'école,
4, 5, 6, je ne trouve pas ça drôle,
7, 8, 9, je suis mieux couchée,
10, 11, 12, dans mon lit douillet !

1, 2, 3, je vais à l'école,
4, 5, 6, je m'amuse comme une folle,
7, 8, 9, je préfère mes amis,
10, 11, 12, à mon petit lit !

20 Comme la lune

J'ai un ami
Qui est lunatique,
Comme la lune,
Il change tout le temps,
Il est doux, il sourit,
Et puis soudain,
Quelle mouche le pique ?
Il crie, il s'agite,
Il n'est pas content,
C'est mon copain,
Oui, mais vraiment,
Je vous le dis :
C'est énervant.

21 C'est le printemps !

Ce matin, le printemps
A montré le bout de son nez
Un peu partout dans mon jardin,
Des bourgeons verts ont éclaté,
Cela a chatouillé les arbres
Qui se sont alors réveillés
En pleine forme, de bonne humeur,
Juste le temps de s'étirer,
Pour accueillir les nids douillets
Des petits oiseaux,
Qui se sont mis à gazouiller
Et à chanter, gorge déployée,
« L'hiver, cette nuit, s'en est allé ! »,
Tout le monde s'est passé le mot,
En quelques heures, de jolies fleurs
Ont bien voulu sortir de terre,
Pour mettre un peu de leur couleur
Sur tout ce vert,
Et leur parfum s'est envolé,
Il est venu jusqu'à mon nez,
Le printemps m'a fait un baiser.

22 Jaune soleil

Ce matin
Tout est JAUNE,
Jaune comme un poussin
Qui sort de sa coquille,
Jaune comme une jonquille
Qui s'éveille au jardin,
Jaune comme le soleil
Qui brille dans le ciel,
Et jaune comme ma joie
Lorsque je te vois
Et que tu prends ma main
Dans le creux
De ta main.

Ton sourire pétille,
Et même le soleil
Ne brille pas plus fort.

23 Matin de printemps

Ce matin en me levant,
J'ai ouvert grand ma fenêtre,
Et croyez-moi : j'ai reçu
Le printemps en pleine tête !

Une odeur d'herbe coupée,
Des pâquerettes dans le pré,
Du soleil et des oiseaux
Qui chantaient…

Quelle fête !

24 Oh, la vache !

Dans le pré tout là-bas,
Une vache fait pipi
En broutant tranquillement
L'herbe qui pousse ici,
Une voiture passe au loin,
« Maman, regarde,
La vache près du foin ! »
Crie le petit enfant,
« Elle fait pipi debout,
Elle salit tout partout,
Elle ne s'essuie même pas ! »

Mais à ce moment-là,
La vache prend du foin,
S'essuie très proprement,
Tire la chasse d'eau
Et se lave les sabots
Dans l'abreuvoir voisin.

L'enfant et la maman
En restent bouche bée,
Les vaches par ici
Sont vraiment
Bien élevées !

25 Ma cabane

Un jour j'aurai une cabane,
Un refuge, un secret,
Tout en haut d'un grand arbre,
Un chêne, j'aimerais,
Il me prêtera ses branches
Pour y mettre mes planches,
Mais pas un seul clou
Ne viendra le blesser,
Mon arbre, mon ami,
Ma cabane sera juste
Accrochée à lui
Et les jours de grand vent,
Nous danserons ensemble,
Je viendrai souvent
Me cacher dans ses feuilles,
Je me ferai discret,
Et même les oiseaux
Comprendront que je suis
Un peu chez moi chez lui.

Alors ils referont dans ses branches
Leurs nids.

26 Le vilain hoquet

Va t-en, vilain hoquet,
Veux-tu bien arrêter
D'embêter mon bout d'chou !
Va faire ton cirque ailleurs,
Tu ne me fais pas peur,
Du tout,
C'est toi qui dois trembler,
Car je sais le secret
Pour tuer les hoquets,
Il suffit de crier :
BOUH !

27 Les petits mots polis

Bonjour, bonsoir,
Atchoum, à tes souhaits,
Merci, de rien,
S'il vous plaît, je t'en prie,
Pardon, excusez...
Que c'est compliqué
D'être bien élevé !
Ils sont tout petits,
Les petits mots polis,
Et tellement légers,
Et tellement pressés,
Qu'il faut beaucoup de temps
Aux petits enfants
Pour les attraper
Et les répéter !

28 Mes cinq doigts

Moi je connais bien
Les cinq doigts de ma main,
Et toi ?

Le pouce est le plus costaud,
C'est un vrai petit marteau !

L'index est le plus sérieux,
Il menace, fait les gros yeux.

Le majeur est le plus grand
Et le plus timide pourtant !

L'auriculaire est le plus tendre,
C'est lui qui porte les alliances.

Le dernier, le plus petit,
Est le plus malin aussi !

(D'ailleurs c'est lui qui me l'a dit !)

29 Le train-bateau spatial

Quand je prends le train
Je ferme les yeux
Je me laisse bercer
Par le bruit des rails
Je me laisse rêver...
Peut-être, pour une fois
Va-t-il m'emporter
Toucher les étoiles ?

Je le vois d'ici
Hisser de grandes voiles
Et puis décoller...
Ferme vite tes yeux
Si tu veux le voir
Traverser les cieux...

30 Métro folie

Certains jours
Dans le métro,
Le monde est beau,
On lit les poésies
Sur les murs,
Les gens se parlent,
Rient, se regardent,
Quelqu'un chante,
Ça fait du bien
Et on lui donne
Un petit rien
Pour la musique,
Et un sourire
Qu'il nous rend bien.

31 Dans la gare

Dans la gare
Des gens passent
Des gens courent
Des gens s'ennuient
Des gens lisent
Des gens rient
Des gens s'embrassent
Des gens s'enfuient
Ils prennent un train.

Chacun sa vie
Et son chemin
Et puis tant pis !

(Moi j'aimerais bien
Qu'ils s'arrêtent
Pour faire un petit brin
De causette !)

Avril

1 Poisson d'avril

Le jour du 1er avril,
Dessine sur un carton
Un gros poisson,
Fais-le très beau
Avec un petit air rigolo,
Des écailles multicolores
Et marque au dos ton prénom,
Découpe-le soigneusement,
Accroche-le au bout d'un fil,
Ajoute du Scotch bien collant,
C'est important.

C'est terminé ?
Il ne te reste plus qu'à trouver
La personne à attraper !

2 La vie arc-en-ciel

Un arc-en-ciel,
Que c'est beau !
Entre la terre et les nuages,
Cela illumine le paysage,
En lui il y a de la magie
Et quelque chose d'infini,
D'ailleurs on ne peut s'empêcher
De s'arrêter pour regarder,
La bouche ouverte,
Les yeux noyés dans ses couleurs,
Et puis le cœur tout retourné,
Parce que l'arc-en-ciel nous dit :
« Regardez donc que c'est joli
Quand on mélange soleil et pluie,
Il faut tout aimer
Dans la vie. »

③ Grand malade

Ce matin,
Je ne peux pas me lever,
J'ai la tête à l'envers
Et les pieds de travers,
Et puis j'ai mal au cœur,
Appelle vite le docteur !
Regarde je n'ai même pas
Les yeux en face des trous,
Non, non ! pas de bisous,
Cela fait mal partout,
Alors pour l'école,
Je ne vais pas y aller,
Dis bien à la maîtresse
Que je suis désolé.

④ Roméo le tourteau

Roméo le petit tourteau
A peur d'aller dans l'eau,
Dès qu'il voit une vague,
Affolé, il détale
Se cacher sous les algues,
C'est vrai que pour un crabe,
C'est vraiment embêtant,
Mais Roméo est petit,
Et il a bien le temps
De devenir grand
Et de pincer les gens !

5 Super Tata

Quand super Tata
Fait le ménage,
Gare à qui se met
Sur son passage !
Elle astique, gratte,
Balaie et frotte,
En un éclair,
Tout est propre,
Puis elle s'écroule
Sur le canapé
Pour se reposer,
Mais quel dommage !
Tous les petits
Viennent s'écrouler
Dans les parages,
Il faut dire
Qu'elle a toujours
Une bonne idée
Pour s'amuser,
Avec elle,
On ne s'ennuie
Jamais !

6 L'étoile bleue

Dans le ciel
Brille une étoile
Une étoile bleue
Comme mes yeux.
Je l'ai choisie,
Elle est à moi
Et elle me suit
Où que je sois.
« C'est ta bonne étoile,
Dit Papa,
Tu as de la chance,
Toutes les nuits,
Elle veille sur toi. »

7 Alouette, je te plumerai !

«Alouette, alouette !
J'ai mal à la tête !
Tu m'as donné
Des coups de bec
Et je ne t'avais rien fait.
– Hier encore dans la cour,
Répond l'alouette dans le ciel,
Tu chantais avec les autres,
Cette chanson méchante et bête
Qui me plume toute la tête,
Les pattes et le corps avec !
Maintenant tu le sauras :
Les alouettes, petit bonhomme,
Ne s'laissent pas plumer comme ça !»

8 Joyeux anniversaire !

Aujourd'hui,
C'est mon anniversaire,
Un jour extraordinaire !
Maman a invité
Tous mes amis,
Et il y a un gâteau
À la crème chantilly,
Je suis plus grand,
Plus important,
Et encore assez petit
Pour que tout le monde
Soit gentil,
Vraiment je suis content,
Je voudrais avoir 6 ans
Tous les ans !

9 La complainte du vélo

Le vélo, c'est fatigant,
Ça descend et ça monte tout le temps,
Parfois c'est vrai, on ne touche plus terre,
Mais cela ne dure jamais longtemps,
Et on se retrouve sur le derrière,
Évidemment.

Le vélo, c'est fatigant,
Mais les copains, c'est important,
C'est pourquoi vous me verrez peut-être,
En vadrouille, guidon au vent,
Mais pas dans le peloton de tête,
Évidemment.

10 Grasse matinée

Que c'est bon, délicieux,
De traîner dans son lit
Avec de jolis rêves
Dans le fond de ses yeux,
Quand la maison s'éveille,
On entend l'eau qui coule,
Des bruits dans la cuisine
Et la voix de Maman,
On ne dort plus vraiment
Mais on est bien tranquille,
Le lit est comme une île,
Autant prendre son temps !

11 Jolies pâquerettes

C'est le printemps
Dans le pré,
Les petites pâquerettes
Ont éclos ce matin,
Toutes blanches, toutes belles,
Elles secouent leurs collerettes
Au soleil,
Et papotent et papotent
En faisant des sourires
Aux abeilles,
Qui ne savent plus, pauvrettes,
Où donner de la tête !

12 Clochettes de Pâques

Les cloches vont-elles passer
Dans mon petit jardin ?

Je mettrai ce matin
Mon nez à la fenêtre
En espérant peut-être
Voir une ou deux clochettes
Déposer des petits œufs,
Des poules et des lapins
Croquants et délicieux
Au pied du grand sapin.

Je serai très discret,
Je resterai caché,
Il paraît que les cloches
N'aiment pas qu'on les voit,
Parce qu'elles sont timides
Et parce que c'est comme ça,
Aussitôt elles s'envolent
Avec les chocolats.

Ce ne serait pas drôle,
Pas drôle du tout pour moi !

13 Amour toujours

C'est l'histoire
D'un petit poisson
Tombé amoureux
D'un hameçon.
« N'importe quoi ! »
Me direz-vous,
Ou peut-être
Était-il fou,
Ce petit poisson
De rien du tout ?
En tout cas,
Le petit poisson
A épousé
Son hameçon,
Et c'est ainsi
Qu'ils sont restés
Accrochés
Pour de bon !

14 Dragon avion

J'ai un dragon à la maison,
Un petit dragon tout mimi
Qui ne ferait de mal à personne,
Il y a des gens, ça les étonne,
Un dragon, ce n'est pas commun
Comme animal de compagnie,
Ils se demandent
Comment je peux dormir la nuit,
Mais moi, la nuit, je ne dors pas,
Je m'envole à dos de dragon
Pour voir le monde d'une autre façon !

15 Cœur troué

« Cœur en pièces,
Pièces de monnaie,
Combien tu me donnes
Pour un cœur troué ?

– Attends que je vide
Le fond de mes poches :
Il me reste une pièce
Et puis un baiser.

– L'argent ne répare pas
Les cœurs troués,
Je prends le baiser
Sans hésiter. »

16 Passages cloutés

Pour traverser une route,
Surtout n'oubliez jamais
De prendre les passages cloutés !
Autour, vous êtes en danger :
Il y a des requins blancs
Et de grands précipices,
De profonds sables mouvants
Et des monstres à hélices,
Ils ont de grosses dents,
Et s'amusent à attraper
Les pieds des petits enfants
Qui ont encore oublié
De marcher sur le blanc,
Alors, soyez prudents !

17 À l'hopital

Je vais me faire opérer.
À l'hôpital,
On m'a dit la vérité :
J'aurai un petit peu mal
Lorsque je me réveillerai,
Mais ce sera vite passé.
Après je serai dorloté,
J'aurai même la télé,
Et un plateau pour dîner !
Et lorsque la nuit tombera,
Je n'aurai même pas peur,
Il y aura de la lumière
Et de gentilles infirmières
Pour rester auprès de moi.

18 Soir câlin

Un enfant
Une maman
Un câlin
Un doux soir
De printemps
Dans un lit
Grand et blanc

Et dehors
On entend
Les oiseaux.

19 Départ en vacances

Le jour du grand départ
En vacances,
On se réveille tôt,
Il fait encore noir,
On grimpe dans l'auto
Les yeux tout endormis,
Mais quand la voiture part,
Tous ensemble on s'écrie :
« Au revoir, la maison,
Sois bien sage,
On revient vite te voir ! »

20 Petits pois en cavale

Je me promène
Quand soudain,
Trois petits pois
Tombent devant moi,
Ah ! quel émoi !
Ils sautillent
Tout autour de moi,
Ils sont perdus
Et ils ont froid,
Mais que vais-je faire
De ces trois-là ?
Où est leur maman,
Leur papa ?
Je ramasse
Les trois petits pois
Et je les mets
Au fond de ma poche,
Il y fait bon,
Ils sont en joie,
Mais moi je n'ose pas
Serrer trop fort,
Car s'ils explosent,
Cela fera
D'la purée de pois
Et la purée
Moi j'aime pas ça !
Alors, très vite
Je les dépose
Au pied d'un arbre,
Dans un petit pot,
Un pot aux roses,
L'année prochaine
On cueillera,
Enfin je crois,
De jolies roses,
Des roses à pois !

21 Ville de lumière

La nuit,
La ville brille
Sur la colline
Bien plus fort
Que les étoiles,
Cela fait comme un trésor
Répandu sur la montagne,
Moi je reste à regarder
Toutes ces lumières
Scintiller,

Et peu à peu
Mes yeux se ferment,
Et je m'endors
Tout heureux,
Roi de ce pays
Merveilleux
Qui s'allume
Avec les étoiles,
Pour moi,
La nuit.

22 Amoureux pour la vie

Dans la rue,
Il y a une vieille dame
Et un vieux monsieur
Qui se tiennent par la main
Comme des amoureux.
Je ne me doutais pas
Que l'on pouvait s'aimer
Aussi longtemps que ça.
Pourtant, je me demande,
Quand on a des cheveux blancs,
Est-ce que c'est plus facile
D'embrasser une fille ?

23 La mer, toujours

La mer douce
Vaguement
Belle
Terriblement
En tempête
Enivrante
Embêtante
Et changeante
Tout le temps
Endormie
Doucement
Sur ses vagues
Simplement.

24 Petite bécasse

Arrête de jacasser
Petite bécassine,
Ne fais pas ta bécasse
Ou sors de ma cuisine,
Tu parles sans arrêt,
Tu remplis mes oreilles,
Arrête-toi, s'il te plaît,
Ma tête va éclater,
En échange je te donne
Un verre de grenadine,
Ou bien si tu préfères,
2 ou 3 belles tartines.

25 Repas à lunettes

Ma copine la mouette
Fait une drôle de tête
Parce que son repas
Lui est passé sous le bec !
C'était un poisson-chat
Qui cherchait ses lunettes,
Quand il les a trouvées,
Il a trouvé la mouette !
« Ouh là là ! s'est-il dit,
Mais qu'est-ce que je vois là ? »,
Et très vite, il a pris
La poudre d'escampette !

26 Joli bouquet

J'aime les bouquets
Les petits bouquets
Tout pleins de couleurs
Tout pleins de douceur
J'y plonge le nez
J'y plonge le cœur
Je me laisse parfumer
Par leur tendre odeur
Je ferme les yeux
Et j'ai l'impression
Qu'un moment je nage
Au milieu des fleurs.

27 Stop !

Parfois, je me demande
Pour qui tu me prends.

C'est vrai, je suis ta maman,
Tu es mon petit enfant.

Mais cela ne veut pas dire
Que je dois te faire plaisir
Tout le temps !

28 Gourmandise

Que c'est bon de laisser fondre
Ce chocolat sur ma langue,
Je ferme les yeux, je savoure
Ce délice au goût d'amande.

Que c'est bon d'être gourmande !

29 Le jour se lève

Le jour se lève
Sur la campagne,
Une brume légère
Glisse sur l'herbe,
Caresse les arbres.

Soudain le soleil
Perce le ciel,
La brume s'envole
À tire-d'aile,
Tout est lumière.

Et moi je reste émerveillée :
Comme j'aime voir le jour se lever !

30 L'arbre à cocottes

Dans mon jardin
Pousse un drôle d'arbre,
C'est un cocotier
Avec un long tronc
Et une touffe de feuilles
Perchées au sommet,
C'est là, je suppose,
Que poussent les cocottes,
J'ai beau les guetter,
Je ne les vois jamais,
Peut-être qu'elles ne sortent
Qu'à la nuit tombée ?

Mai

1 Le 1er mai

Le 1er mai
On ne travaille pas,
Je ne sais pas bien pourquoi,
Mais c'est un jour qui me plaît
À cause du muguet
Que l'on s'offre comme ça,
De voir tout ce muguet
Fleurir n'importe où,
Dans les rues, sur les tables,
Cela rend les gens plus doux,
Cela met de la gaieté
Partout !

2 Brin de muguet

Voici un petit brin,
Petit brin de muguet,
Il vient de mon jardin,
Je l'ai regardé pousser
En pensant bien à toi.

Aujourd'hui il est prêt,
Je te l'offre avec joie,
Accepte-le de bon cœur,
Il te portera bonheur
Tous les jours de l'année.

3 Sur la lande

Au printemps
Sur la lande bretonne,
Ça sent la noix de coco,
Les violettes, et ça tangue
Comme sur un bateau,
J'aime m'y promener,
Sentir le vent salé,
M'allonger sur le sable,
Et me laisser bercer
Par le chant des vagues
Et celui des oiseaux.

4 Réveil-soleil

Ce matin, c'est le soleil
Qui m'a réveillée,
Il a caressé mes cheveux,
Pas gêné,
Et s'est posé sur mes yeux,
J'ai voulu battre en retraite
Sous mon oreiller,
Mais il était bien trop tard,
Le sommeil m'avait quittée,
J'ai reconnu ma défaite
Et je me suis étirée,
Aussitôt,
Le soleil m'a fait la fête
Et tout s'est mis à briller !

5 Loann le coquin

Connaissez-vous le petit coquin
Qui ne veut pas dormir
Le soir ?

L'avez-vous vu ?
Où a-t-il encore disparu ?
Cherchez-le bien…

Sous le lit, dans le placard,
Dans la penderie, dans la baignoire ?
Mais où est-il ?

Ah ! le voici !
Ne bougez pas, ne dites rien,
Cette fois, je crois qu'il dort enfin !

6 Un cheval, des chevaux !

« Regarde, Maman, les cheval,
Comme ils sont beaux !

– On ne dit pas "des cheval",
On dit "des chevaux".

– Et pourquoi ?
– Parce que c'est comme ça.

– Moi, ça ne me plaît pas,
Je préfère cheval.

– Et pourquoi ?
– Parce que c'est comme ça ! »

7 Vert merveille

Vert, c'est la forêt
Pleine d'arbres et de feuilles
Qui jouent dans le soleil,
C'est le printemps, la mousse
Où je marche nu-pieds,
C'est l'herbe des prairies
Où des vaches sont posées,
Celle du jardin aussi
Où j'aime m'allonger
Pour regarder danser
Les nuages dans le ciel,
Parfois je suis léger,
J'attrape une paire d'ailes,
Je deviens une abeille,
Et parfois je suis lourd,
Je m'enfonce dans la terre,
Et voici que des branches
Sortent de mes oreilles.

8 Le bocal à bonbons

À la maison, il y a un bocal,
Un bocal plein à craquer
De bonbons prêts à croquer,
Il est rempli de couleurs,
De délices et de douceurs,
Et rien qu'à le regarder,
Cela réchauffe le cœur !
Chaque jour, si on est sage,
Le bocal déploie ses ailes
Et près de nous vient se poser,
Il faut vite prendre un bonbon
Et ne pas trop hésiter,
Sinon le bocal s'envole,
Le bonbon nous passe
Sous le nez !

9 Joli coquelicot

Dans sa petite coque,
Il se fait tout beau,
Puis il sort de son lit
Illico presto
Qui ?

Le coquelicot !

10 La pipelette

Une pipelette,
C'est une petite pie
Qui parlotte, qui caquette,
Et qui nous donne mal à la tête,
Et *piou piou piou !* et *piou piou piou !*
C'est une poupette
Qui sait toujours tout sur tout
Et qui le répète,
Et *piou piou piou !* et *piou piou piou !*
Le vrai problème,
C'est qu'on n'a pas encore trouvé
Le bouton pour qu'elle s'arrête
De pioupiouter !

11 Varicelle pas belle

Ce matin
Un petit bouton a poussé
Sur le bout de mon petit nez,
Et puis deux autres sur mon doigt,
Trois sur le ventre, cinq sur les bras,
Au début, je trouvais ça drôle
De faire le clown toute la journée
Au lieu d'aller à l'école,
Mais les boutons ont continué,
Ils sont devenus gros et laids,
Ils se sont mis à me gratter,

Ce n'était plus du tout marrant
D'être malade
Finalement !

12 Noir cauchemar

Lorsque je me couche le soir,
J'ai trop peur,
Peur du NOIR,
Peur de tous les bruits bizarres
Que je ne reconnais pas...
Blotti au fond de mes draps,
Je n'arrive pas à dormir,
Et s'il y avait des bandits,
Un monstre, un loup ou même pire ?
Je ne veux pas imaginer !
« Laisse la lumière, s'il te plaît,
Ne referme pas la porte,
J'ai peur que le noir m'emporte. »

13 Je t'aime

Je t'aime,
Je t'aime tout court,
Je t'aime d'amour.

14 Doux parfum

J'aime sentir le parfum
D'une personne que j'aime,
C'est comme tenir sa main
Bien serrée dans la mienne,
Tout de suite, je me sens bien !

15 Et patati et patata

Viens par ici,
Viens par là,
Ne fais pas ci,
Ne fais pas ça,
Écoute Maman,
Regarde Papa,
Tiens-toi tranquille,
Enlève tes doigts,
Attends ton tour,
Ne cours pas,
Serais-tu sourd ?
Tu ne m'écoutes pas,
Prends ton manteau,
Dépêche-toi,
Il fait trop chaud,
Enlève-moi ça,
On est en retard,
Prends garde à toi,
Marche sur le trottoir,
...

C'est la chanson
Des p'tits enfants,
Celle qu'ils entendent
Tout le temps,
On comprend mieux
Pourquoi soudain
Ils tirent la langue
Et font *coin-coin*
À la madame
Ou au monsieur
Qui est juste passé
Devant eux !

16 Pépin de parapluie

J'ai planté un pépin,
Pas un pépin de pommes,
Un pépin de parapluie,
Et quand viendra l'automne,
L'arbre aura bien grandi,
Et je pourrai cueillir
Un joli parapluie
Couleur rouge ou vert pomme
Pour me mettre à l'abri !

17 Caillou doux

Sur le chemin
J'ai ramassé un caillou,
Il est tout rond,
Il est tout doux,
Il est pour toi,
Prends-en bien soin,
C'est une réserve de bisous :
Lorsque tu auras du chagrin,
Prends mon caillou,
Serre-le fort dans ta main
Et pense à moi.

Tout de suite, tu te sentiras bien.

18 Alphabet zébré

ABCD
Laissez-moi vous raconter
EFGH
L'histoire d'Anne la girafe
IJKL
Elle ne se trouvait pas belle
MNOP
Un jour elle a rencontré
QRST
Une drôle de bonne fée
UVW
Qui enfin lui a donné
XYZ
Un beau pelage zébré !

19 Philibert le hamster

Pour mon anniversaire,
J'ai eu un petit hamster,
Il s'appelle Philibert
Mais je l'appelle Bébert,
Depuis avant-hier, il a disparu,
J'avais laissé ouverte
La porte de sa cage,
Pour qu'il prenne l'air,
Parce que ce n'est pas une vie
De rester enfermé
Tout seul, sans ami !

Où peut-il être allé ?
Est-ce que vous l'avez vu ?

20 Le petit papier

Le petit papier
A sauté
Du sac-à-dos
Où je l'avais
Bien enfermé,
Sans permission
Il est parti,
Il ne voulait pas
Finir sa vie
Comme un brouillon
Dans une poubelle,
Parce que la vie,
Il la trouve belle.

Ce n'est pas grave
Car sur lui,
J'avais écrit
Une poésie
Tellement jolie
Que la personne
Qui le trouvera
Ne pourra pas
S'en séparer,
Mais le gardera
À tout jamais,
Ce petit papier.

21 Momo le chameau

Momo le chameau
Est de mauvaise humeur,
On lui a tout volé,
Son casque, ses lunettes,
Et même ses castagnettes !
Il se plaint à Émile,
Crocodile sur le Nil,
Qui lui dit gentiment
En montrant ses grandes dents :

« Contre tous les ennuis,
Rien ne vaut un ami,
Viens un peu par ici ! »

Aussitôt le chameau,
Qui n'a rien d'un idiot,
Prend ses cliques et ses claques
Et vite se carapate !

22 1, 2, 3, soleil !

« *1, 2, 3, soleil !* »
Compte la coccinelle,
Elle se retourne et interpelle
Le perce-oreille :
« Au poulailler, mon cher Lionel,
Je viens de voir bouger tes ailes !
– Bouger mes ailes ? Ce n'est pas vrai !
– Et pourquoi pas ?
– Parce que je les garde repliées !
Adieu, petite coccinelle,
Je ne veux plus jouer avec toi,
Je préfère jouer avec l'abeille,
Au moins, elle, elle ne triche pas ! »

23 Pique nique douille

Pique nique douille
C'est toi l'andouille !

Pouque nouque dille
C'est toi l'anguille !

Mais comme l'anguille
Nage mieux que l'andouille,

Ce ne sera pas toi
Le roi !

24 Parole de tortue

Les serpents
Vivent dans des repaires,
Comme les bandits,
Comme les corsaires,
Enfin, c'est ce que dit la tortue,
Tortue de mer bien entendu,
Qui habite au coin de ma rue.

Et je la crois parce qu'elle a fait
Cent trente-sept fois
Le tour de la Terre,
En marche avant, en marche arrière,
Avant de poser sa carapace
Pour boire des cafés
En terrasse.

25 Dauphin copain

Dauphin, joli dauphin,
Emmène-moi sur ton dos,
Je n'ai pas peur de l'eau,
Je veux nager comme toi,
Sauter et retomber,
Être libre, être un roi.

Dauphin, gentil dauphin,
Viens vite me chercher,
Je t'attends sur la plage
Pour faire un beau voyage,
Tout autour de la mer,
Tout autour de la Terre.

Je monterai sur toi,
On ne se quittera pas,
Toi et moi.

26 Leçon de géographie

Tombouctou,
C'est où, c'est où ?
Est-ce que c'est près de Moscou ?
Et Bali, c'est loin d'ici ?
Cela rime avec Tahiti
Et cela me donne envie
De soleil, de bains de minuit.
Ibiza, pourquoi pas ?
Cela se termine comme Alaska,
Un pays tout blanc, tout froid,
Buffalo, c'est rigolo
Comme un cow-boy à vélo,
Et lorsque je dis Rio,
Les mots se mettent à danser
Et m'envoient me promener
Du côté de Mexico.
Tout ceci est amusant
Mais je ne sais plus où je suis,
Finalement c'est important
De faire de la géographie !

27 Bonne fête, Maman !

Pour ta fête, Maman,
D'abord je promets
D'être le plus gentil,
Pas de larmes, pas de cris,
Mais beaucoup de baisers
Et un petit-déjeuner
Que tu prendras au lit,
Puis je te donnerai
Ce que j'ai fabriqué,
C'est un miroir de fée
Pour te regarder,
Toi qui es si jolie,
Petite Maman chérie.

28 Jolie tulipe

Une tulipe,
C'est une coupe
De couleur
Vraiment jolie
À regarder,
Une jolie fleur
De printemps
Qui recueille
La rosée,
On raconte même
Que parfois,
Lorsque la nuit
Va tomber,
Les fées viennent
S'y baigner.

29 Lever de marmotte

Au lever du soleil,
Sur le flanc de la montagne,
Il y avait une marmotte
Dressée sur son rocher.

Je me suis approché,
Doucement, sur mes deux pattes,
Cela l'a inquiétée,
Elle a failli filer.

Elle a failli filer,
Mais je me suis assis,
Doucement, sans faire de bruit,
Cela l'a rassurée.

Sur le flanc de la montagne,
Un homme et une marmotte
Ont regardé ensemble
Le soleil se lever.

30 Petit trésor

Quand je me promène
Dans la campagne,
Dans la forêt,
À la mer ou à la montagne,
Toujours je ramène
Un petit trésor.
Un bout de bois tout doux,
Une fleur qui sent bon,
Un joli petit caillou,
Une feuille, un coquillage.
À la maison, je le regarde
Et je fais bien attention à lui,
Il me rappelle mes balades,
Et je le trouve très joli,
Ce petit trésor
Qui vient de dehors.

31 Minute, papillon !

Minute, papillon !
Comme disait ma grand-mère,
Tu vois bien que je suis
Occupée pour l'instant.

Minute, papillon !
Dès que j'aurai fini,
Je verrai ton affaire,
On aura tout le temps.

Minute, papillon !
On ne peut pas dans la vie
Avoir tout ce que l'on veut
Tout de suite, immédiatement.

Il faut savoir attendre,
C'est ainsi, mon enfant.

Juin

1 Y'a un lézard

À l'heure de la sieste,
J'ai vu un lézard,
Un petit lézard
Qui me regardait
Du haut de l'armoire
D'un air agacé,
D'un air énervé,
De l'air de celui
Qu'on a dérangé,
Cela m'a fait rire
Et j'ai ri si fort
Qu'il a préféré
Disparaître dehors !
Tant mieux,
À l'heure de la sieste,
Je préfère lézarder
Tout seul dans mon lit,
Sans petit lézard
Pour me tenir compagnie.

2 Coccinelle Demoiselle

« Coccinelle Demoiselle,
Viens sur ma main ! »
Coccinelle à tire-d'aile
Continue son chemin.

« Coccinelle Demoiselle,
Moi, j'avais du chagrin.
– Mon petit, répond-elle,
Ça ira mieux demain. »

3 Tomate boudeuse

«Je suis verte !
Dit la tomate,
Ma copine l'aubergine
M'a volé la vedette
Au cœur de la marmite.
Avec l'oignon qui pique
Et toutes les courgettes
Qui déjà font trempette,
Il suffit que l'on touille
Et l'on ne me verra plus,
Moi qui me faisais une fête
D'être de la ratatouille,
Je vous le dis tout net
On ne m'y prendra plus !»

4 Soupe à la loupe

Je ne veux pas de soupe,
Sauf si je la mange
Dans une toute petite
Petite assiette
Que l'on ne peut voir
Qu'à la loupe.

Dans ce cas, promis juré,
Je ne jouerai pas la mauviette
Et finirai sans râler
Toute la soupe
De ma toute petite
Petite assiette !

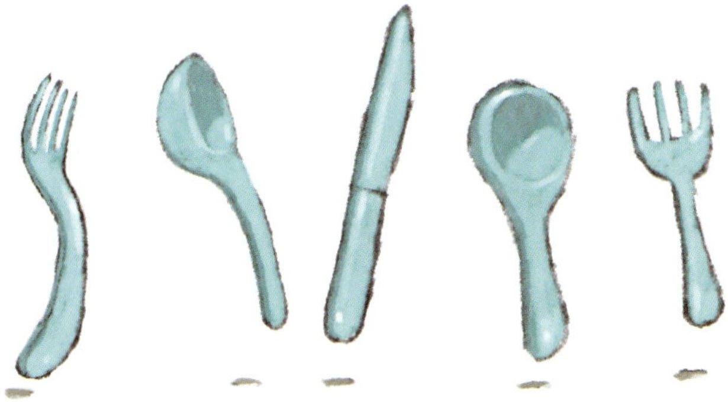

5 Partie de vaisselle

J'adore faire la vaisselle,
L'eau coule, l'eau ruisselle
Sur mes petites mains,
Je frotte, je gratte bien,
Je joue avec la mousse,
Et plouf ! font les couverts,
Et youpi ! font les verres,
Le plat fait le sous-marin
Et les assiettes aiment bien
Devenir des bateaux
Sur lesquels les cuillères
Se sèchent un peu le dos,
Pour finir je rince
Tout ce petit monde,
Cela brille, cela étincelle,
Je suis la reine de la vaisselle !

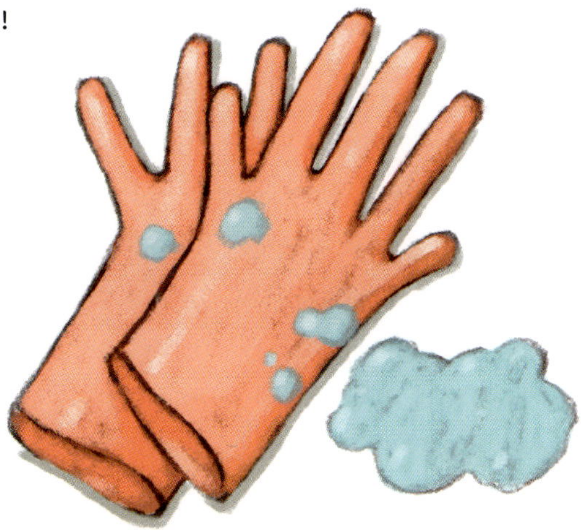

6 Lever d'orange

Le soleil se lève
Au bout de l'horizon,
Je dessine une orange
Ronde comme un ballon,
Autour je mets du rose,
Et du rouge passion.

Le soleil s'étire,
Il sort ses rayons,
Je lui fais de longs bras,
Deux petits yeux tout ronds,
Et puis un grand sourire
Qui traverse l'horizon.

Aujourd'hui, je le dis,
Il va faire très bon !

7 Grenouille du bonheur

« Petite grenouille du bonheur,
Donne-moi pour demain le temps,
Car j'ai un rendez-vous galant
Avec l'élu de mon cœur. »

Voilà ce que demandait
Une jolie petite souris
En rougissant un peu
Parce qu'elle avait un ami.

La grenouille, bien entendu,
Ne connaissait rien au temps,
Pour tout dire, le soleil ou la pluie,
Elle s'en moquait royalement.

Mais comme elle avait bon cœur,
Gentiment elle répondit,
Que le soleil brillerait
Tous les jours de leur vie.

La souricette l'embrassa,
Et se passa ce qui devait :
La grenouille se transforma
En une fée belle à croquer !

8 Parrain, marraine

Je ne vois pas souvent
Mon parrain, ma marraine,
Mais quand ils sont là,
Ils rattrapent le temps
Et s'occupent de moi
Comme d'un petit roi.

Avec ma marraine,
Je me fais cajoler,
On va se promener,
Boutiques et musées,
Et le soir, ciné !

Avec mon parrain,
C'est bien plus musclé,
Football, randonnée,
Et le soir on cuisine
Un bon petit dîner.

Je ne vois pas souvent
Mon parrain, ma marraine,
Mais quand ils sont là,
C'est bien moi le roi !

9 Fleur câline

J'ai cueilli une fleur ce matin,
J'ai cueilli une fleur pour quelqu'un.

J'ai donné une fleur ce matin,
J'ai donné une fleur à quelqu'un.

Quelqu'un m'a fait un câlin,
Quelqu'un m'a fait un câlin ce matin.

Une fleur contre un câlin,
Une fleur contre un câlin sur son cœur.

10 Câlin doux

Viens là, ma douce,
Viens là, doudou,
Viens dans mes bras,
Il y fait doux,
Ton petit nez
Juste dans mon cou,
Tes petits pieds
Sur mes genoux,
On est si bien
Quand on se fait
Un câlinou.

11 Rose gourmandise

Rose gourmandise
Comme une friandise
Qui fait la langue rose
Et la bouche qui pétille,
Comme une glace deux boules
Une fraise, une vanille,
Comme les joues de la petite fille
Qui la déguste doucement
Pour qu'elle dure longtemps,
Et comme sa jolie robe
Qui s'envole dans le vent.

À la voir de loin
On dirait qu'une rose
A poussé au jardin.

12 Double délice

Cornet de glace ?
Cornet de frites ?
Entre les deux,
Mon cœur hésite
Et je panique,
Maman,
Faut-il vraiment
Que je choisisse
Entre ces deux sortes
De délices ?
Écoute un peu,
J'ai une idée,
Je mange les frites
Et puis après
Le cornet de glace,
Ce sera bien moins
Compliqué !

13 Papa

Papa
Tu es ici
Là-bas
Près de moi
Loin parfois
Je t'aime
Tu t'en vas
Tu me manques
Tu reviens
Tu me prends
Dans tes bras
Tout est bien
Quand tu es
Près de moi.

14 Petit Lion

Ce qui est petit
Est mignon,
« Enfin c'est ce qu'on dit,
Grogne le petit lion,
Mais moi,
Je ne veux pas être gentil,
Je ne veux pas être mignon,
Je veux être puissant
Comme mon papa,
Je veux être grand,
Un très très grand lion !

(Oui, mais en attendant,
Je veux bien ma maman.) »

15 Petit Wapiti

Madame Wapiti
A perdu son petit,
Affolée, elle l'appelle,
Mais il a disparu
Là, au coin de la rue.

Le roi des animaux,
Qui tranquillement dormait,
S'avance enfin vers elle :
« Voulez-vous bien cesser
De me casser les oreilles ! »

C'est l'instant que choisit
Le bébé wapiti
Pour faire peur au lion,
« Bouh ! », il bondit, rebondit
Sur la grosse tête marron.

Voilà qui tombe bien :
C'est heure du goûter
Et le roi a très faim,
Mais madame Wapiti
Se remet à hurler,

Le lion lâche le bébé
Qui bondit, rebondit
Dans la poche de sa mère
Qui très vite referme
La fermeture Éclair !

16 Doux dodo doudou

J'adore dormir
Mon doudou serré contre moi,
Je ne suis pas seul,
Il veille sur moi et me murmure,
« Ne tremble pas, je suis là ! »,
Je n'ai pas peur du noir,
Des bruits bizarres, et même du monstre
Qui bouge le soir dans mon placard,
Et qui soupire et qui s'ennuie
Parce que je n'ai pas peur de lui !
Il me fait tellement de peine
Que j'ai eu une idée cette nuit,
Je vais lui offrir un doudou,
Un vieux doudou tout rabougri
Qui lui plaira,
Comme ça, il pourra s'endormir
En le serrant fort dans ses bras !

17 Dur dur de se lever

Je dois me lever,
Aller à l'école,
Aller travailler,
Comme beaucoup de gens
Qui font ça tout le temps,
Je n'ai pas le choix,
Je dois y aller,
Autant que ce soit
Sans râler,
Avec le sourire,
La journée sera
Plus vite passée.

18 Farceur !

Je ne peux pas m'empêcher
De faire des farces,
Ce n'est pas ma faute,
Je suis né comme ça,
Des cailloux dans les chaussons,
C'est pour Papa !
Une fausse araignée sur le savon,
Clara aimera !
Un peu de sucre dans la soupe,
C'est pour Maman !
Sur la chaise, de la pâte à prout,
Pauvre Clément !

Ne faites pas des têtes
De poêle à frire,
Je voulais juste plaisanter,
C'était pour rire !
Promis j'arrête,
Mais franchement,
Vous n'êtes pas du tout
Marrants !

19 Diabolo !

J'aime le mot DIABOLO,
J'imagine un petit bonhomme,
Un petit diable rigolo,
Il me verse un grand verre
De limonade et de sirop,
Cela pétille et il sautille
Sur la table en faisant l'idiot,
Je le regarde tout en buvant
Mon diabolo,
Diabolo fraise, diabolo menthe,
Et parfois diabolo citron,
Cela dépend de la couleur
De son blouson !

20 Mauvaise tête !

On se reverra
À la saint-glinglin,
Quand les poules auront des dents,
Quand il neigera au mois de juin,
Et quand tu auras décidé
D'être aimable avec les gens !
En attendant, je te souhaite
De faire un peu moins la tête !

21 Le bel été

L'été est là !
Et avec lui, le soleil,
Les vacances,
Le temps-merveille
Qui s'étire sans nous presser,
Les journées longues
Pleines de surprises,
Pleines de bêtises,
Et puis la plage, la peau salée
Et les pique-niques dans la forêt,
Les couchers tard et les pétards,
Les lits de camp remplis d'amis
Et les fous rires après minuit,
Les étoiles qui brillent la nuit
Si fort qu'on fait le vœu secret
Que l'été ne finisse jamais.

22 Musique

La musique
Entre dans mes oreilles,
Quand elle est triste,
Émouvante,
Mon cœur se serre,
Quand elle est gaie,
Pétillante,
Je me sens légère,
Elle m'enchante,
Ma voix s'élève
Et puis je chante.

23 Cerise sauteuse

Ce petit bruit-là
C'est quoi, c'est quoi ?
C'est une cerise
Quoi ? Quoi ?
Qui saute de l'arbre
Pourquoi ? Pourquoi ?
Parce qu'elle ne veut pas
Pas quoi ? Pas quoi ?
Être mangée
Par quoi ? Par quoi ?
Par le gros gourmand
Que je vois là !

24 Petit moustique

Petit moustique
Qui vole autour de moi,
Petit moustique,
Je n'ai pas peur de toi.

Petit moustique,
N'y pense même pas !
Si tu me piques,
C'en est fini de toi !

25 Le chant des cigales

Sous le soleil,
On dirait que les cigales
N'en peuvent plus
De chanter leur chanson,
Bruit de scie,
Toujours plus vite,
Chanter, chanter,
Et sans répit,
Scier, scier.

Parfois leur chant me plaît,
Et parfois il m'ennuie,
Je me demande bien
Ce qu'elles peuvent raconter,
Je me demande aussi
S'il leur arrive jamais
De s'arrêter ?

26 Jour de kermesse

Aujourd'hui, c'est kermesse
Dans ma petite école.
Il y a des gâteaux, des crêpes,
Des ballons qui s'envolent,
Des chansons dans le micro
Et l'on joue tous ensemble,
Les parents, les enfants,
Les maîtres et les maîtresses.
Au stand du Grand Bazar,
On lance des pétards
Et de vraies bombes à eau
En faisant des grimaces
Devant un grand miroir.
À la pêche aux canards,
Les petits se bousculent
Pour pêcher une surprise.
Sous la tente magique,
La maîtresse des CP
Maquille des petites fées,
Tandis qu'au stand des frites,
Tonton Jules fait le pitre !
Aujourd'hui, c'est la fête,
Et tout le monde en profite !

27 Gâteau d'enfance

Il y a une odeur,
Délicieuse, familière,
Qui monte jusqu'à moi,
Me met l'eau à la bouche
Et le cœur en émoi.

Cela sent le gâteau,
Le bon gâteau tout chaud
Que l'on sort du four,
Le beurre, le chocolat,
La maison pleine d'amour.

28 Bleu vacances

Lorsque je dis le mot BLEU,
Je pense d'abord au ciel,
Un beau ciel en été,
Et puis je vois la plage
Et la mer étalée,
Au loin il y a un phare,
Au-dessus, des nuages,
Enfin je vois tes yeux
Et je pense : quelle chance !
D'avoir dans le regard
Tout le bleu des vacances.

29 Marin et les algues

Me baigner dans les vagues
J'adore !
Mais s'il y a des algues
Je sors
Cela me donne des frissons
Partout
Comme si un énorme monstre
Tout mou
Me prenait par les pieds
Pour me tirer
En-dessous !

30 Jolis grains

Je suis une fille à grains,
Grains de beauté,
Comme celui que j'ai
Posé sur le menton,
Moi, je le trouve laid,
Mais Grand-Mère dit que c'est
Un attrape-garçons !

Grains de sable en été,
Quand je vais à la plage
Me baigner dans les vagues,
Chercher des coquillages,
Surtout des « grains de café »,
Ce sont mes préférés !

Et puis grain de folie,
Lorsque je fais la folle,
Que je danse, que je ris,
Pour un oui pour un non,
Et que j'entraîne tout le monde
Au cœur de ma farandole !

Juillet

1 Comme une baleine

Quand je suis trop triste,
Quand j'ai trop de peine,
Quand mon cœur est lourd
Comme une baleine,
Je me raconte l'histoire
Des trois petites groseilles
Qui turlututent
Au fond du jardin,
Et qui s'émerveillent
Devant les lapins
Qui gambadillonnent
Et qui marquent des buts
Entre deux sapins.
Les trois petites groseilles
Les applaudissionnent,
Elles sont toutes rouges,
Vraiment très mignonnes,
Cela me fait rire
Comme une baleine,
Rire à perdre haleine,
Mon cœur frétillonne
Et je cours nager
Sur le gazon
En chantillonnant
Cette petite chanson.

2 Les moustiques

Je suis une petite fille
Délicieuse à croquer,
Tout le monde le dit,
Tout le monde le sait,

Car dès que vient la nuit,
Tous les vilains moustiques
Se disputent pour goûter
À ma peau de bébé,

Comme je suis gourmande,
Elle doit être sucrée,
Voilà pourquoi c'est moi
Qu'ils préfèrent piquer !

3 Décollage

L'avion va décoller,
Je me demande bien
Ce que cela va faire.

C'est parti, on s'élève,
On monte dans le ciel,
C'est extraordinaire !

Je vole pour de vrai,
Ce n'est pas un mirage,
Je suis dans les nuages !

4 Voyage immobile

Je ferme les yeux
Je prends un nuage
Et je rêve un peu
Je voyage,
Je visite des pays
Étonnants, bizarres,
Je découvre des îles
Belles, pacifiques,
Je goûte des choses
Exquises, exotiques,
Et puis je repars
Ailleurs,
Quelque part,

Je voyage.

5 Ma petite valise

Valise, petite valise,
Dis-moi ce que je dois emporter,
Nous partons en vacances,
Il faut te préparer !
Que dirais-tu d'emmener
Cette belle petite dînette
Pour jouer sur la plage ?
Tu préfères des chaussettes ?
Une paire, je suis d'accord,
À condition de prendre
Mes doudous préférés,
Et puis cette collection
De poupées que j'adore !
Oui, je choisis un gilet
Puisqu'il faut s'habiller,
Une robe, deux pantalons,
Et ce joli ballon,
Sans oublier mes livres
Sans lesquels je ne peux vivre,
Tu trouves que cela fait trop ?
Tu ne peux pas tout porter ?
Allez, retrousse tes manches,
Nous partons en vacances !

6 Attention, petit hérisson !

Petit hérisson tout piquant
Veut traverser la grande route
Pour aller voir de l'autre côté,
La pie raconte que la forêt
Est remplie de mille merveilles,
C'est interdit par ses parents,
Il se fera tirer les oreilles,
Petit hérisson n'est pas prudent,
Il commence à traverser.

Au même instant passe une voiture,
Et il a tout juste le temps
De se jeter sur le côté
Pour ne pas finir en confiture !
Oreilles basses, piquants tremblants,
Petit hérisson se rend compte
Que ses parents avaient raison,
Et vite il rentre à la maison.

janvier
février
mars
avril
mai
juin
juillet
août
septembre
octobre
novembre
décembre

7 On me dit

J'ai les yeux de Maman,
J'ai le nez de Papa,
L'air de mon grand frère
Quand je suis en colère,
Quand je pleure, je suis le portrait
De ma petite sœur tout craché,
Et lorsque je souris,
Je ressemble à Papy !

Et moi je me demande :
Quand est-ce que je me ressemble ?

8 Crapaud volant

« Qu'as-tu trouvé dans l'herbe ?
– Un petit crapaud.
– Mais où est-il passé ?
– Il était très pressé,
Il a ouvert ses ailes
Et il s'est envolé !
– Les crapauds ne volent pas.
– Pourtant le mien volait,
Je me demande bien
Où il peut être allé. »

9 Pêcheurs de crevettes

Sur la plage,
Deux petits pêcheurs à casquettes
Ont attrapé huit crevettes,
Huit petites grises qui vont finir
En chemise rose dans une assiette.

Sur la plage,
C'est le bonheur et c'est la fête !

Oui mais soudain,
Rien ne va plus entre les casquettes !
Elles se bagarrent, elles rouspètent,
Le seau se renverse et les crevettes
Retrouvent le chemin de la mare.

Dans la mare,
C'est le bonheur et c'est la fête !

10 Le cormoran

Quand je me baigne
De grand matin,
Il y a parfois un cormoran
Qui vient nager tout près de moi,
Il fait celui qui ne me voit pas
Mais sa petite tête me surveille,
Comme pour dire
« Ne m'approche pas !
Ou je m'envole, ou je m'en vais
Pêcher ailleurs, pêcher en paix. »
Je fais celle qui ne le voit pas
Et le voilà vite rassuré,
Assez sans doute pour rester
Nager un peu, à mes côtés.

11 Rêve de poney

Quand je serai grande,
J'aurai un beau métier,
Je m'occuperai de poneys
Toute la journée,
J'aurai une écurie
Toute rose, très jolie,
Je ferai des balades,
Je brosserai mes poneys,
Je leur donnerai à manger
Du foin et puis de l'eau,
Et puis peut-être aussi
Que j'aurai des chevaux.

12 Footballeur !

Quand je serai grand,
Je serai footballeur,
Je courrai sur le terrain
Avec mon équipe,
Je marquerai des buts
À la télévision,
Et lorsqu'on gagnera,
Je sauterai très haut
En levant bien les bras,
Tout le monde criera « Bravo ! »,
Tout le monde applaudira,
Je serai un héros !

13 Petit gars à croquer

Mon petit loup
Mon si mignon
Mon roudoudou
Mon gros chaton
Mon tout sucré
Mon loukoum
Mon adoré
Mon petit clown

Mon petit homme
Doux à croquer.

14 Feu d'artifice

C'est le soir du 14 juillet,
Il est tard et je suis allongée
Le dos dans l'herbe,
Les yeux dans les étoiles,
J'attends, le cœur battant,
Et soudain, une boule de feu
Monte dans le ciel en criant,
Et *BANG !*
Elle éclate en fleurs, en soleils,
Le ciel se remplit d'étincelles,
Oh, la belle rouge !
Oh, la belle verte !
Et puis orange et puis violette,
Cela claque, mon cœur bat,
Je fais « Oh ! », je fais « Ah ! »
C'est magique, féerique,
Fantastique.

Comme les vacances,
Je voudrais que cela
Ne finisse pas.

15 Le gecko de Maïta

Le soir tombe,
Petit gecko sort de son trou.

Gecko, gecko, que veux-tu ?

Petit gecko glisse sur le mur
Et puis soudain ne bouge plus.

Gecko, gecko, qu'as-tu vu ?

Petit gecko a repéré
Une mouche noire toute dodue.

Gecko, gecko, que fais-tu ?

Petit gecko gobe la mouche
Et puis se remet à chasser.

Gecko, gecko, où es-tu ?

Petit gecko s'en est allé,
Il est retourné se coucher !

16 Le Papou

Le Papou
Est une espèce très étonnante
Qui n'a pas de cheveux sur la tête,
Et pas de poux, évidemment,
Voilà pourquoi il est heureux
Vraiment souvent.
Les autres espèces l'envient beaucoup,
Surtout le singe et le caribou,
Mais quand il pleut, c'est embêtant,
Le Papou a mal à la tête,
Il bougonne, il marmonne,
Il vaut mieux le laisser tranquille
Et ne pas lui chercher des poux,
De toute façon, il n'en a pas,
Un point, c'est tout !

17 Une mouche

Dans le silence de la chambre,
Une mouche se fait entendre

Elle bourdonne
Je m'étonne

Comment peut-on être si petit,
Et pourtant, faire autant de bruit ?

18 L'araignée acrobate

Cette petite araignée
Pendue au bout de son fil
Me donne le vertige,
Elle tourne sur elle-même,
Se balance dans le vent,
Glisse et puis se rattrape
Tout en rebondissant,
En haut ! En bas !
En haut ! En bas !
Je l'applaudis bien fort
Car elle a du talent,
C'est de la haute voltige,
C'est très impressionnant.

Pour finir elle me fait
Un petit signe de tête,
Mais où est-elle passée ?
Elle est sur ma casquette !

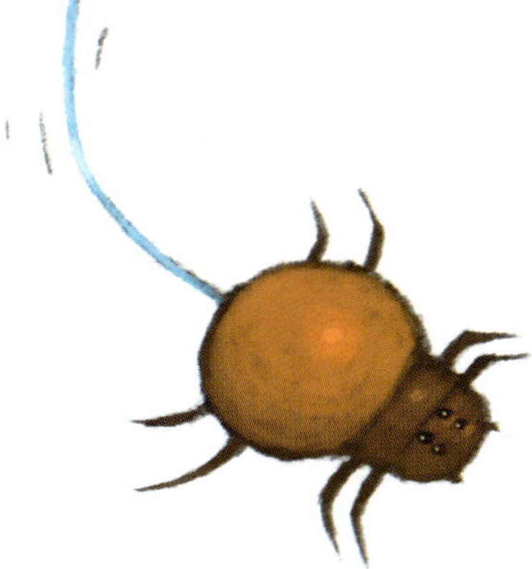

19 Jeux de vagues

Je pirouette
Dans l'écume-mousse,
Je prends la vague,
Elle me repousse,
Je pique une tête,
Elle m'éclabousse,
Je n'ai pas la frousse,
Je suis à la fête
Quand la mer verte
N'est pas toute douce !

20 Fessée salée

Je ne veux plus aller me baigner,
La mer m'a donné une fessée,
Une belle fessée qui a claqué
Sur mes petites fesses toutes salées,
Vraiment, ce n'est pas très gentil,
On était pourtant des amis,
Elle peut bien venir me chercher,
Monter, me chatouiller les pieds,
Je ne retournerai pas jouer !

21 Trésor nacré

Sur la plage j'ai trouvé
Des coquillages nacrés,
Une merveille !
Ils sont tout doux et usés
Par le sel,
Je les porte à mon oreille,
Ils me racontent la mer
Et les bains
Qu'ils ont pris chaque matin,
Chaque soir,
Ils ne veulent pas s'en aller,
Dire au revoir,
Je les repose à regret
Sur le sable,

Je n'ai pas le cœur de les emmener
Loin de leur plage.

22 Coq amoureux

Je me promène
Et je vois
Un petit coq
Sur un toit,
Il chante, il chante,
J'en reste sans voix,
Mais que fait-il
À cet endroit ?
Pourquoi chante-t-il
À cette heure-là ?

« Je chante, je chante,
Parce que je suis
Amoureux,
COCORICO !
Amoureux
D'une poulette
Qui me fait
Perdre la tête !
Pas la voix
Heureusement,
Ce serait
Très embêtant. »

Embêtant, je ne sais pas,
Car il me casse les oreilles
Ce petit coq sur son toit !

23 Papa Coq

J'entends le coq
Chanter,
C'est parce que sa cocotte
Lui a fait un bébé,
Un joli petit œuf
Tout lisse et tout doré.
Quand elle l'aura couvé,
Cela fera sûrement
Un petit coquelet
À qui il apprendra
À son tour
À chanter.

24 Bouilles enframboisées

L'été est là,
Le jardin est plein de framboises
Rouges et sucrées,
Le jardin est plein de petites bouilles
Barbouillées,
Elles sont si rouges, les petites bouches,
Et si sucrées,
Qu'on croirait voir des framboises
Se promener !

25 Cerises à partager

J'ai ouvert ton paquet,
Il y avait des cerises,
Rouges si rouges,
Je n'ai pas pu résister,
J'ai croqué une cerise,
Hum ! elle valait bien une bise,
Je n'ai pas pu m'arrêter,
Et faut-il que je le dise ?
J'ai mangé tout le paquet,
Je te dois donc 100 baisers.

26 Jour de marché

C'est jour de marché,
J'ai pris mon petit panier
Pour pouvoir rapporter
Toutes les bonnes choses
Que l'on va acheter :
Des petits légumes frais,
Carottes en botte,
Petits pois gourmands,
Salades bien vertes,
Radis croquants,
Et aussi des fruits sucrés,
Pommes, pêches, cerises,
Vivement que l'on soit rentrés,
J'ai hâte de déguster
Toutes ces bonnes choses
Au déjeuner !

27 L'orage

Entendez-vous ?
BRAOUM ! l'orage est là
Juste au-dessus de mon toit,
Le tonnerre gronde,
La terre tremble,
Dans le ciel les éclairs
Dessinent des *Z* d'enfer,
Inquiétants, terrifiants,
Et je tremble,
Et si le ciel explosait ?

Et si la maison s'écroulait ?
BRAOUM !
Le tonnerre tape encore,
Je me lève et je cours me glisser
Dans le lit de Papa, de Maman,
À l'abri, je m'endors,
Et l'orage peut bien continuer
À gronder, à taper
Et à faire le méchant,
Je suis bien maintenant.

28 Politesse

Gare à vos fesses,
Petites princesses
Qui tirent les tresses
De la maîtresse,
Si je vous attrape,
Je vous mets une tape !

Gare à vos doigts,
Les petits rois,
Les doigts dans le nez,
Cela ne se fait pas,
C'est mal élevé !

29 Petit déjeuner au jardin

C'est le matin
Dans le jardin,
Le soleil brille
Déjà bien haut,
Il fait si beau
Que j'ai envie
De prendre
Mon petit-déjeuner
Au beau milieu
Des pissenlits,
Un petit coin d'herbe,
Quelques tartines,
Un chocolat,
Je suis ravie !

30 Taches de rousseur

Le soleil
S'est posé sur mon visage,
Il m'a fait une caresse,
Du chaud et de la douceur,
Je l'ai laissé m'embrasser
Puis je me suis vite cachée.
En souvenir de ce baiser,
Le soleil
M'a laissé sur le visage
Une poignée de jolies taches
De rousseur.

31 Oh, les vaches !

Ce matin,
Devinez ce qu'il y avait
Dans mon petit potager ?
Un troupeau de vaches
Pour de vrai !
Je vous jure, je n'ai pas rêvé,
Elles étaient là, bien installées,
À brouter mes belles salades
Et à écraser mes radis,
Je me suis fâchée,
« Hé vous ! leur ai-je dit,
Voulez-vous bien filer d'ici ?
Vous êtes chez moi, c'est interdit
De manger les radis des autres. »
Aussitôt dit, elles ont filé
En écrasant tous mes poivrons
Sans dire merci,
Sans dire pardon !

Août

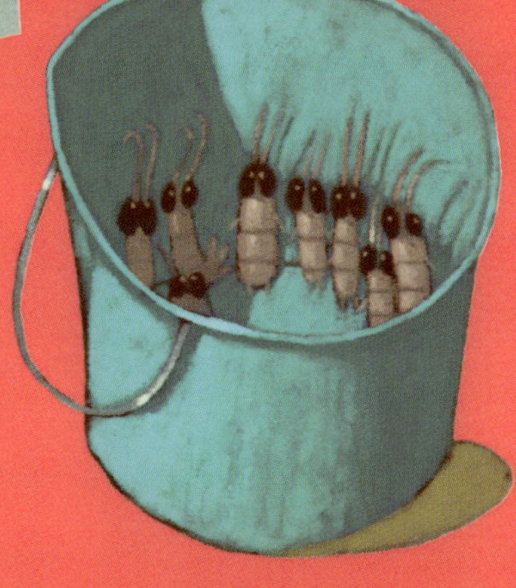

1 Péché de gourmandise

Au fond du verger,
Il y a des pêches,
Je vais à la pêche
Aux pêches sucrées.

Vite je me dépêche,
Car je veux remplir
Mon petit panier
De pêches dorées.

Péché de gourmandise,
Je prends la plus belle,
Et puis je la goûte,
Comme elle est exquise !

À force d'en manger,
J'ai le cœur fondant
Et une peau de pêche,
Évidemment !

Au fond du panier,
Il reste une pêche,
Je vais à la pêche
Aux baisers sucrés.

2 Papa papaye

« Papa,
Donne-moi de la papaye,
S'il te plaît.

– Petite,
Je travaille,
Sois gentille, va jouer.

– Papa,
La papaye est trop haute,
Je ne peux pas l'attraper.

– Petite,
Tu me fatigues,
Je vais te la donner.

– Papa,
Je me régale,
Elle est douce à croquer.

– Petite,
Tu as raison,
Allez, fais-moi goûter. »

3 Mon bateau-hamac

Que c'est bon de se laisser
Balancer tout doucement,
Blotti au creux d'un hamac
Entre deux arbres accueillants !

Tranquille, bercé par le vent,
Je regarde les nuages
Qui voyagent dans le ciel,
Je rêve, je ne dors pas vraiment.

Je me crois dans un bateau,
Je suis bercé par les flots,
Tandis que les hirondelles
Me survolent dans le soleil.

Peu à peu je ferme les yeux
Et je m'endors doucement,
Je trouve cela merveilleux
De dormir dans le vent.

4 La belle vie

Il est 16 heures
Dans le jardin,
Au bord de la piscine
Je respire le jasmin,
Le figuier et l'été,
Le soleil me brûle,
Je me moque de lui,

Je plonge dans l'eau fleurie
De pétales de lauriers,
Le bain est délicieux,
Je me laisse flotter,
Puis je sors rafraîchie,
Juste à temps pour goûter,
C'est cela, la belle vie !

5 L'oiseau *Pchitt-Pchitt*

C'est une boule
De plumes rouges,
Un jouet qui vole,
Un drôle de petit zozio
Qui adore le sirop
De fraise et de noix de coco,
Mais ce qui est très rigolo
Avec ce tout petit oiseau,
C'est qu'il fait *PCHITT !*
Quand il a bu...
Un petit peu trop !

6 Le poirier

Quand je fais le poirier
Au fond de l'eau,
On ne voit que mes petits pieds
Dépasser,
Je marche sur les mains,
J'avance, je recule,
Je souffle pour faire des bulles,
Mais toujours, bien trop vite,
Je sens venir la fin,
Je vacille, et plouf !
Je bascule !

7 Vagues à l'âme

La mer chante
Sa chanson
Lancinante,
La mer berce
Ses poissons,
Elle apaise
Les peines,
Allongée sur le sable
Et bercée par les vagues
Je suis bien.

8 Les petits poissons

Les petits poissons
N'aiment pas la plage,
Il y a trop de monde,
Il y a trop d'enfants
Qui veulent les prendre
Et puis qui oublient
Toujours de leur rendre
Leur liberté.
Les petits poissons
Attendent la nuit,
Quand il n'y a personne
Pour les embêter,
Alors ils reviennent
Et on peut les voir
Sur le bord jouer.

9 *Couac ! couac !*

COUAC ! fait la boîte
Mais qu'y a-t-il dedans ?
Dedans la boîte,
Qui fait *COUAC* ?

Un canard,
Ce serait bizarre,
Allez, on ouvre pour voir :
COUAC !

Quel bric-à-brac
Dans cette boîte !
Je farfouille et je trouve :
COUAC !

Une jolie petite grenouille !

10 Le Petit Poucet

Je suis comme le Petit Poucet,
Je remplis toujours mes poches
De petits cailloux,
Il y en a devant la maison
Des petits blancs, des petits doux,
Je les ramasse discrètement
Et lorsqu'on va se promener,
Je les sème sans me faire remarquer,
Juste au cas où on se perdrait,
On ne sait jamais,
Des petits cailloux chez le boulanger,
Dans le parc, au supermarché,
Et puis bien sûr, dans la forêt.

Avec moi,
On est sûr de ne pas s'égarer !

11 Merci, Dame Nature !

Dans le jardin,
Reconnais-tu l'odeur du foin
Ou de l'herbe fraîchement coupée ?
Entends-tu la pie qui jacasse
Et l'arbre qui parle à son voisin ?
Aimes-tu t'allonger sur la terre,
Sentir l'herbe te chatouiller
Le bout des pieds ?
T'arrive-t-il de regarder
Les petites bêtes travailler ?
As-tu déjà goûté des cerises
Sur le cerisier ?

Tout cela tu dois essayer,
Sans oublier de remercier
La nature,
T'en occuper, la respecter,
Pour que d'autres puissent
En profiter.

Comme toi, après toi.

12 S.O.S. grenouille

Une petite grenouille verte
Était tombée ce matin
Dans l'eau bleue de ma piscine.
Je l'ai prise dans ma main,
La toute petite rainette,
Et relâchée au jardin.

Elle dira à ses copines
Que je suis quelqu'un de bien,
Et aussi que les piscines,
C'est pas pour les batraciens !

13 Leçon de natation

Pour apprendre à nager,
Il faut faire la grenouille,
Bien étendre les bras,
Mains serrées,
Bien étendre les jambes,
Pieds serrés,
Et puis tout écarter
Pour s'élancer...
Nager !

14 Goûter entre hommes

J'ai mangé une glace,
Une glace au chocolat
Aussi grosse que moi,
J'ai de belles moustaches
Et de jolies taches
Sur mon pyjama.

Papa ne m'a pas grondé
Parce que lui aussi,
Il a dégusté
Une glace chantilly
Aussi grosse que lui
Juste avant le dîner !

Pour une fois,
On ne dira rien à Maman,
Elle dirait encore
Qu'on est des gourmands,
Et elle nous ferait
Une soupe pour dîner !

15 Cirque d'été

Un cirque s'est installé
Tout près de la grande plage
Avec un chapiteau
Qui va jusqu'aux nuages.
Derrière les barrières
J'ai vu de grands chevaux,
Un ours, deux chameaux,
Et plus bas, sur la plage,
Un zèbre près de l'eau !
Un clown est arrivé
Avec un beau nez rouge,
Il s'est déshabillé
Et puis il s'est baigné
Sans enlever son nez.
Cela prouve que c'est un clown
Qui fait bien son boulot,
Il doit être très fort,
J'irai le voir ce soir,
Si Maman est d'accord.

16 Mer du Nord

J'ai trempé mes doigts de pied
Dans l'eau salée,
Je les ai vite retirés,
C'était glacé !
Chez moi, lorsque c'est l'été,
La mer est chaude,
C'est quand même plus agréable
Pour se baigner,
Ici elle est bien trop froide
Pour mes petits pieds !

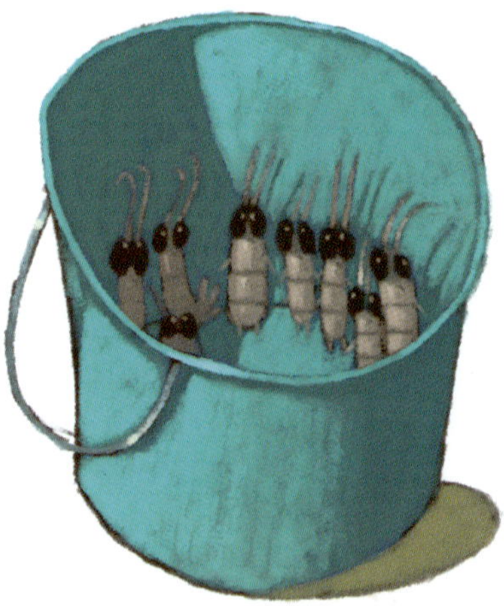

17 Apéro salé

Aujourd'hui j'ai pêché
Exactement neuf crevettes,
Je regarde au fond du seau,
Je leur trouve une drôle de tête.

Il paraît que les crevettes
Se dégustent à l'apéro
Avec une vinaigrette,
Vite ! Je les remets à l'eau.

18 Vogue, petit bateau !

À bord de mon petit bateau,
Moi qui ne suis pas bien grand,
Je tiens la barre, bout au vent,
Et je navigue sur les flots.

Vogue, vogue, petit bateau !

Il me faut encore du temps,
Il me faut encore grandir,
Pour apprendre les secrets du vent
Et comment la barre bien tenir.

Vogue, vogue, petit bateau !

Quand je serai devenu grand,
J'aurai un beau bateau tout blanc,
Mais je n'oublierai pas pour autant
Mon tout petit bateau d'enfant.

19 Rouge colère

Je vois ROUGE aujourd'hui,
Je bouillonne, je frémis,
Je fonce comme un taureau
Et si quelqu'un m'ennuie,
Mon sang ne fait qu'un tour
Et j'attaque et je crie,
Je suis tout feu tout flamme,
Je sens venir des larmes
De furie.

Laissez-moi me calmer
Le temps que ma colère
S'épuise,
Après je reviendrai,
On pourra se parler
Avec des mots roses
Ou bleus comme l'été,
Avec des mots tendres,
On pourra se comprendre.

20 Mais où est Philibert ?

J'ai un petit hamster,
Il s'appelle Philibert
Mais je l'appelle Bébert.
Depuis avant-hier,
Il a disparu.
Je l'ai cherché partout,
Dans les chaussures,
Sur l'étagère du salon,
Derrière la télévision,
Et même au fond du frigidaire
Car il adore les cornichons.
Mais je ne l'ai pas retrouvé,
Et je ne sais plus quoi faire.

Où peut-il bien être allé ?
Avez-vous une idée ?

21 Mal de mer

Sur terre
Je suis à l'aise
Comme un petit poisson
Dans l'eau,
Mais si on me met
Sur un bateau,
Misère !
Mon cœur chavire,
Je manque d'air,
C'est un calvaire,
J'ai le mal de mer !

Voilà pourquoi je préfère
Garder les pieds sur terre.

22 Petit Indien

Petit Indien n'est pas rassuré,
Il est perdu dans la forêt,
Les grands chasseurs sont déjà loin,
Petit Indien ne veut pas pleurer.

Petit Indien tombe nez à nez
Avec une ourse et ses bébés,
L'ourse le voit, se met à gronder,
Petit Indien ne veut pas pleurer.

L'ourse le regarde mais ne bouge pas
Car dans la clairière elle ne voit
Qu'un petit Indien égaré,
Aucun danger pour ses bébés.

Petit Indien quitte la clairière,
Plus loin il retrouve les chasseurs,
« As-tu vu du gibier pour nous ?
Lui demande le grand manitou.

– Non, lui répond Petit Indien,
J'avais juste perdu mon chemin,
Venez, par là, il n'y a rien,
Rentrons chez nous. »

23 Boules de rêve

J'aime les graines
De pissenlits,
Boules de plumes
Légères, douces
Et si jolies,
Lorsque l'on souffle
Doucement,
Elles s'envolent
Aux quatre vents,
Elles voyagent
Jusqu'aux nuages,
Et peut-être même
Jusqu'aux étoiles,
Lorsque je souffle,
Je fais un vœu
Pour qu'il s'envole
Jusqu'aux cieux,
Que quelqu'un
Le trouve en passant
Et me réponde
En soufflant.

Voilà pourquoi je tends toujours
Ma joue au vent.

24 Joyeux anniversaire, Maman !

Pour ton anniversaire,
Maman,
Si je pouvais te donner
De l'or, des bijoux,
Je le ferais,
Mais je n'ai pas d'argent,
Tu le sais,
Alors j'ai une autre idée :
Aujourd'hui, c'est moi
Qui vais te prendre
Dans mes bras !

25 Mademoiselle Tétinette

Arrête de tétiner,
Ce n'est plus de ton âge,
Tu n'es plus un bébé,
On ne voit plus ton visage,
Toi qui es si jolie,
Je trouve cela dommage,
Ma petite chérie,
Il te faut du courage
Pour jeter ta tétine,
Mais c'est la condition
Si tu ne veux pas rester
Un très très grand bébé
Avec une tétine
À la place du nez !

26 *Doum doum tsoin tsoin !*

Il y a un petit air
Qui me trotte dans la tête,
Un petit air entêtant
Qui répète, qui répète
Toujours le même refrain,
Doum doum tsoin tsoin !

À la fin, cela m'embête,
Surtout quand je me mets
À chanter à tue-tête,
Dans la rue, dans le jardin,
Ce petit air tout bête,
Doum doum tsoin tsoin !

J'essaie bien de lui dire :
« Va mettre tes notes ailleurs »,
Mais comme il est très bête,
Ce petit air dans ma tête,
Bien sûr, il ne comprend rien !
Doum doum tsoin tsoin !

27 Mon frère

Il me ressemble
Mais pas trop,
Il a mon rire,
J'ai son sourire,
C'est mon frère,
Mon alter ego.

Quand j'ai besoin,
Je sais qu'il n'est
Jamais bien loin,
Toujours trop près
Quand je voudrais
Avoir la paix.

Il me ressemble
Mais pas trop,
Et quand on mélange
Nos rires,
On fait un sacré
Bon duo !

28 Glisse-canetons

Les canetons
Du parc d'attraction
Font des glissades
Dans les cascades,
Ils remuent leurs petits derrières,
Et ils pédalent,
Et ils pédalent,
Avant-arrière, avant-arrière,
Pour remonter le courant
Et refaire
Une autre glissade,
Duvet au vent,
Que c'est amusant !

29 Tendre figuier

Il y a une odeur
Que j'aime plus que tout,
C'est celle du figuier,
C'est sucré, c'est doux,
Cela sent le soleil,
Les vacances en août,
Les rires, les abeilles,
Les baisers dans le cou,
Quand je serai grande,
Je planterai un figuier
Dans mon petit jardin,
Et quand son odeur
Viendra jusqu'à moi,
Ce sera le bonheur,
Tout me reviendra,
Les vacances en août,
Les rires, les abeilles,
Les baisers dans le cou,
Et puis le soleil.

30 *Crôaaa, crôaaa !*

Dans le Midi
Lorsque tombe la nuit,
On entend les crapauds chanter,
Ils chantent parce qu'ils se marient,
Crôaaa crôaaa, crôa crôa !
Et parce qu'ils la trouvent
Vraiment jolie,
Leur petite chérie
Dans sa robe blanche,
La fête commence, on les marie,
Tous les crapauds chantent,
Crôaaa crôaaa, crôa crôa !
Ensuite ils dansent
Jusqu'à minuit,
Et c'est fini !

31 La petite chauve-souris

La petite chauve-souris
Se réveille quand le soir tombe,
Elle s'étire, elle s'élance,
Elle se glisse dans la nuit,
N'aie pas peur de son ombre
Qui passe au-dessus de toi,
Elle ne te veut pas de mal,
Elle joue avec ses amis,
Elle chasse et elle se nourrit
Et puis elle retourne au lit,
Tout comme toi, maintenant,
Bonne nuit, mon petit enfant !

Septembre

❶ Chair de poulette

J'ai la chair de poule,
Chair de poulette,
Non pas que je sois
Une midinette,
Mais l'eau de la mer
Est vraiment frisquette !

J'ai la chair de poule,
Chair de poulette,
Je vais m'allonger
Sur ma petite serviette,
Sentir le soleil
Et me réchauffer,

Mais pas trop longtemps :
Je ne veux pas finir
En poulette à frire !

2 Petite fille hirondelle

Sur la plage
La petite fille bat des ailes
Comme une hirondelle,
Le vent gonfle sa robe
Et ses nattes s'envolent
Dans le ciel.

Comment les rattraper ?
Elle va se faire gronder
Si elle rentre sans elles...

3 Corvée de linge

« Où vas-tu, petite fille,
D'un pas si pressé ?

– Je vais à la rivière, tigre,
Laisse-moi passer.

– Qu'y a-t-il dans ton panier,
Petite fille qui va nus pieds ?

– Il y a du linge, tigre,
Et je dois le laver.

– Te voici arrivée, petite fille,
N'as-tu pas peur de te faire manger ?

– J'ai du travail, tigre,
Si tu veux, viens m'aider. »

C'est ainsi que le tigre et la petite fille
Tout le linge ont lavé.

4 Mon petit cœur

Bonjour, monsieur Docteur,
Je ne me sens pas bien,
Écoute un peu mon cœur,
Il est lourd ce matin,
Aurais-tu quelque chose,
Un sirop, une potion,
Contre les gros chagrins ?

Au revoir, monsieur Docteur,
Et merci du conseil !
Je m'en vais de ce pas
Trouver un amoureux,
Un gentil qui saura
Réparer mon petit cœur
Et le rendre tout heureux !

5 Petites babines au chocolat

Mais que vois-je là ?
Des petites babines au chocolat !

1, 2, 3, prends ta serviette
4, 5, 6, essuie tout ça !
7, 8, 9, je veux un museau
10, 11, 12, tout propre, tout beau !

6 Tête de linotte

Je suis étourdi,
Tête en l'air,
Dans les nuages
Je voyage,
Je prends l'air…

Parfois je rêve
Un peu trop
Et j'oublie tout
Ce que je dois faire,
La belle affaire !

On rouspète,
On me répète
Qu'un jour peut-être
Je perdrai ma tête !

7 Folle semaine !

Lundi,
Je prends l'avion pour Tahiti,
Mardi,
Je déjeune avec mes amis,
Mercredi,
Je me baigne en bikini,
Jeudi,
Je fais la fête jusqu'à minuit,
Vendredi,
J'achète un livre et je lis,
Samedi,
Je reprends l'avion pour Paris,
Et dimanche,
Je réfléchis, je réfléchis
À ce que je vais faire lundi !

8 Le chat et la souris

À petits pas,
À petits pas doux,
À pas de matou,
S'avance le chat
Vers la petite souris
Qui trotte dans la nuit,
Et qui s'enfuit,
À petits pas,
À petits pas aussi,
Tant pis pour le chat gris,
Ce n'est pas cette fois-ci
Qu'il mangera la souris !

9 Rentrée des classes

Demain, c'est la rentrée,
Je ne veux pas y aller,
J'ai peur,
Fais-moi un câlin,
Maman,
Serre-moi dans tes bras,
Papa,
Et ça ira,
Enfin...
Je crois.

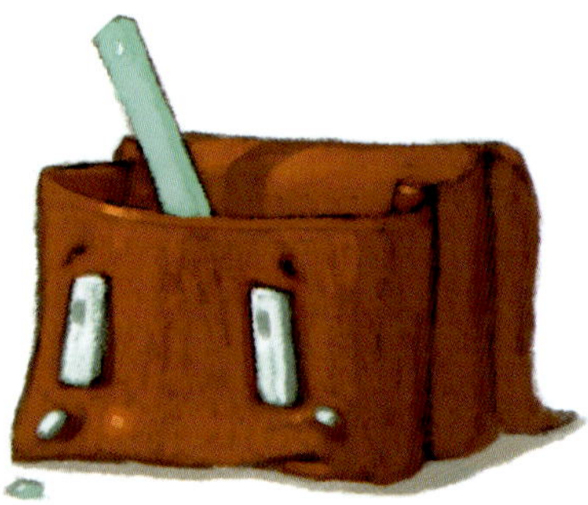

10 Petit pot de colle !

C'est la rentrée et Petit Tatou
Ne veut pas aller à l'école.
Sa maman le prend sur ses genoux :
« Écoute, petit pot de colle,
dit-elle en le cajolant,
Tu ne peux pas toujours rester
À la maison, tu le sais,
Tu dois apprendre à compter.

– Pourquoi apprendre à compter ?
Pleurniche le petit tatou,
Je veux rester avec toi.
– Un jour, quand tu seras grand,
Lui explique sa maman,
Tu choisiras un métier,
Un beau métier qui te plaira,
Et tu seras très heureux,
Même en allant travailler. »

Petit Tatou réfléchit :
« Je pourrai par exemple
Fabriquer et puis vendre
Des gâteaux de fourmis ?
– Si tu veux.
– Et je pourrai aussi
Distribuer le courrier
À tous mes amis ?
– Oui, et aux autres aussi.
– Alors je veux bien aller à l'école,
Mais à une condition :
L'école terminée, je redeviens
Ton petit pot de colle ! »

11 Princesse en vadrouille

Dans le parc
J'ai rencontré une princesse
Toute petite et très bizarre,
Elle voulait ma balançoire
Mais elle ne pouvait pas s'asseoir,
De peur de déchirer sa robe,
Longue et blanche, à petits pois,
Elle s'est mise à pleurer,
Alors pour la consoler,
Je lui ai joué de la guitare,
Et je lui ai dit qu'elle était
Aussi belle qu'une passoire,
Et c'est vrai qu'elle était belle,
Malgré sa robe bizarre.

12 La galipette

Je bouge ma petite tête
Comme ça !
Je bouge mes petits bras
Comme ça !
Je bouge mes petites fesses
Comme ça !
Je bouge mes petites jambes
Comme ça !
Je rentre ma petite tête
Comme ça !
Je plie mes petites jambes
Comme ça !
Et hop ! Je fais une galipette !

13 Jolies fleurs

Une petite boutique
De fleurs
S'est installée
Dans mon quartier,
Chaque matin je m'arrête
Pour regarder,
Pour respirer,

Toutes les couleurs,
Toutes les odeurs
Qui se mélangent
Dans les bouquets,

Cela me met de bonne humeur
Pour la journée !

14 Colibri

Un colibri,
C'est petit,
Tellement petit
Et si joli
Qu'on pourrait croire
Que c'est une fleur
De toutes les couleurs
Qui a pris son vol
Parce qu'elle en avait
Vraiment assez
De rester plantée
Toute seule
Dans le sol.

15 La petite dame

Qu'elle est jolie,
La petite dame
Avec ses quatre-vingts printemps,
Sa grande jupe de gitane,
Et son chignon de cheveux blancs
Qu'elle essaie de garder serrés,
Mais qui préfèrent
S'échapper
Et puis danser
Tout autour de son sourire.

Qu'elle est jolie,
La petite dame,
Avec ses quatre-vingts printemps !

16 Courrier du cœur

Dans la boîte
Il y a une lettre,
Une lettre pour moi,
Mon nom est écrit juste là,
Je la prends, je la décachette,
Cette jolie lettre.

À l'intérieur
Il y a des mots, des fleurs séchées
Et le doux parfum de Juliette,
Je suis heureux
D'avoir cette lettre,
Merci, petite boîte aux lettres !

17 Mon petit cartable

Dans mon petit cartable, il y a
Mon doudou qui veille sur moi,
Une trousse de crayons de couleur
Qui dessinent des fleurs et des cœurs,
Une sucette au citron, bien cachée,
Que je suce et qui ne s'use jamais,
Des petits chaussons très douillets
Qui grandissent avec mes pieds,
Et puis aussi, de temps en temps,
Un énorme bébé éléphant
Qui écrase tout le reste dedans,
Mais qui est tellement adorable
Que je le garde dans mon cartable.

janvier février mars avril mai juin juillet août **septembre** octobre novembre décembre

18 Pauvre tamanoir

Le tamanoir
A peur du noir,
Ce n'est pas de sa faute,
Cela lui donne
Des cauchemars,
Cela l'empêche,
Quand tombe la nuit,
De continuer
À avaler
Des tas de fourmis
En plus de celles
Qu'il a mangées
Dans la journée,
Il ne lui reste plus
Qu'à se mettre en boule
En attendant que
La Terre roule
Et que le soleil
Revienne dans le ciel,
Alors enfin,
Il se réveille.

19 Réveil-câlin

Le matin
Rien ne vaut un bon câlin
Pour commencer la journée,
On se serre fort,
On se serre bien,
Après on reste sans bouger
Quelques minutes,
Une chatouille pour terminer
Et on se lève
Le cœur léger !

20 Crottes de souris

Cette nuit
La petite souris
Est passée,
Elle a pris
Ma petite dent
De lait,
En échange
Elle m'a laissé
Trois petites crottes
Sous l'oreiller !

21 Automne

La forêt a revêtu
Sa jolie robe toute dorée,
J'ai envie de marcher pieds nus,
Sentir la mousse sous mes pieds...

Sentir la mousse sous mes pieds,
Appuyer mon front contre un arbre,
L'écouter vivre, respirer,
Et avec ses feuilles, danser.

22 Châtaignes à griller

J'adore ramasser
Des châtaignes chaque année,
C'est toujours une fête
De les faire griller
Dans la vieille cheminée
De notre maison verte
Au milieu de la forêt.
Dans la poêle elles noircissent,
Elles s'agitent, elles crépitent
Et sautent quand elles sont prêtes,
Hum ! Que cela sent bon,
Quel délice cela va être !
Mais avant de les manger,
Il faut les éplucher
En faisant bien attention
De ne pas se brûler les doigts,
Oh ! là là ! Que c'est bon !
Septembre, quel joli mois !

23 Cœur brisé

Je suis triste,
J'ai le cœur fendu,
J'ai le cœur blessé,
J'ai le cœur perdu.
Qui est-ce qui m'aidera
À le retrouver ?
Qui recollera
Les morceaux brisés ?

Il y a bien quelqu'un
Qui saura faire ça,
Et je l'attendrai
Le temps qu'il faudra !

24 Jeu de société

Lorsqu'il pleut dehors,
Moi je suis ravie
Car mon papa sort
Le Monopoly®,
Il appelle Maman,
Mes frères et ma sœur,
On joue tous ensemble
Et c'est le bonheur !
Ça perd ou ça gagne,
Ça rit ou ça crie,
Parfois ça castagne,
Mais en attendant,
On s'amuse tellement
Qu'on oublie la pluie !

25 Mon papa à moi

Mon papa,
Lorsque j'ai un gros chagrin,
Un méchant, un qui tient bien,
Il vient s'asseoir près de moi,
Il me serre fort dans ses bras,
Il me berce tout contre lui,
Je suis son petit kiwi,
Son petit chat,
Son tout-joli.

Alors mon chagrin s'en va,
Cela marche à chaque fois,
Mon papa, il sait faire ça !

26 Biscuit à croquer

Un petit garçon
Parle à son biscuit
Dans la cour de récréation :

« Je t'aime
À la sauce chantilly,
Je t'aime
À la sauce chocolat,
Et puis je t'aime
Tout nu comme ça,
Tu es trop bon,
Petit biscuit,
Tu es à moi,
Voilà pourquoi
Je ne te partagerai pas ! »

27 Lunettes coquettes

Regardez !
J'ai changé de tête,
On m'a acheté
Une paire de lunettes,
Le docteur a dit
Que mes petits yeux
Ne voyaient plus très net,
Pour qu'ils aillent mieux
Et parce que je suis
Une petite coquette,
Je leur ai choisi
Une paire superchouette,
Elle est toute bleue
Avec des paillettes.

Maintenant je vous préviens,
Si on joue à cache-cache,
Cachez-vous bien,
Cachez-vous bien !

28 Fourmis dans les jambes

J'ai des fourmis
Dans les jambes,
Ça pétille
Sur mes mollets,
Ça fourmille
Sans arrêt !
Je trépigne,
Je tape des pieds,
Et si rien ne passe,
Je sautille
À cloche-pied !

29 La boussole

Pour lire une carte,
Souviens-toi :

NORD, c'est vers le haut,
SUD, c'est vers le bas,
EST, c'est ton bras droit,
OUEST, c'est l'autre bras.

Quatre petites phrases
Pour ne pas perdre le Nord,
Cela vaut la peine
De les dire encore !

30 Le mille-pattes

Je suis le mille-pattes,
Je n'ai pas *1* patte,
Je n'ai pas *2* pattes,
Je n'ai pas *3* pattes,
Je n'ai pas *4* pattes...
Mais j'ai *1000* pattes !

Autant de pattes,
Cela vous épate !
Oui mais pourtant,
Ce n'est pas toujours
Très amusant,
Toutes ces pattes.

En cas de danger
Je me carapate,
Et je m'emmêle
Dans mes pattes,
Parfois je me fais même
Des croche-pattes !

Octobre

1 Le crocodile du Nil

Au bord du Nil,
Il y a un crocodile
De très mauvaise humeur.
Pourquoi ?
Parce qu'il est affamé,
Bien sûr,
Et que pour son goûter
Il n'a qu'une vieille chaussure !
Arrive un visiteur
Qui n'a même pas peur
Des gros crocodiles
De très mauvaise humeur.

« Bonjour, bel animal,
Dit-il au crocodile,
Pourriez-vous, s'il vous plaît,
M'aider à traverser ? »
Le crocodile n'en revient pas,
Une chance comme ça,
Cela n'arrive qu'au cinéma !

Que se passe-t-il après
Sur les bords du Nil ?
À vous de le deviner
Ou bien de l'inventer !

2 À la douche, les mouches !

À la douche, les mouches !
Vous sentez trop mauvais,
Allez vite vous laver
Ou alors, ouste ! partez !
Ne restez pas tout près,
Je me bouche le nez
Mais je dois respirer,
À la douche, s'il vous plaît,
Ou je prends la tapette,
Et je peux le jurer :
Cela va être votre fête !

3 À la machine !

J'aime bien regarder
La machine à laver
Qui tourne dans le garage,
On lui donne à laver
Toutes sortes de choses,
Et même mon doudou
Lorsqu'il est tout taché,
Elle lui donne un grand bain,
Elle le fait bien tourner,
Et quand c'est terminé,
Elle le recrache enfin,
Tout mouillé mais tout propre,
Il n'y a plus qu'à le sécher,
Elle est vraiment très forte,
La machine à laver !

4 Clopin-clopant

Clopin-clopant,
S'en vont sous la pluie
Deux petites filles,
Deux petites grenouilles
En robes de dentelle
Et sans parapluie
Qui boivent l'eau du ciel,
Sautent dans les flaques
Et chantent à tue-tête
Que la pluie, ça mouille,
Mais qu'il n'y a qu'les andouilles
Que cela embête !

5 Mouche ton nez !

Quand on a le nez bouché,
Le nez qui coule,
Qui chatouille,
Il faut vite se moucher,
Ne surtout pas renifler,
Cela énerve ses voisins,
Ce n'est vraiment pas joli
Et puis cela ne sert à rien,
Après, bien souvent, c'est pire,
Sois gentil, fais-moi plaisir :
Mouche ton nez,
S'il te plaît !

6 Doux parfum

J'aime sentir
Le parfum
D'une personne
Que j'aime,
C'est comme
Tenir sa main
Bien serrée
Dans la mienne,
Tout de suite
Je suis bien,
Enveloppée
Par cette odeur
Que j'aime.

7 Bouquet d'amour

J'ai fait un bouquet,
Un joli bouquet
Pour Maman.

J'y ai mis des fleurs,
J'y ai mis mon cœur
Et du temps.

Il est plein de joie,
Il est plein d'amour,
Il est plein de moi,

Ce petit bouquet
Que j'ai fait pour toi,
Maman.

8 Ouh ! la gourmande

Regardez,
Regardez-moi ça !
Mais que vois-je ?
Mais que vois-je là,
Au coin de la bouche
De ma maman ?
Regardez,
Regardez bien,
Ne dirait-on pas... ?
Du chocolat !

Car je le sais,
Dès que j'ai le dos tourné,
Maman file en grignoter !

9 Soir de match

Soir de match
Dans le salon,
Les hommes alignés
Devant la télé
En rang d'oignons,
Les grands, les petits,
Tous concentrés,
Attention !
C'est du sérieux
Quand le ballon
Vole dans les cieux,
Ils poussent un cri
À l'unisson,
Les murs en tremblent,
Et les femmes rient
Dans la maison
En entendant
Cette joyeuse bande
De petits garçons.

10 Mon petit pyjama

Le pyjama de mon papa
Est jaune à pois, très rigolo,
Pour le voir, il faut se lever tôt !

Le pyjama de ma maman
A des petites fleurs dessus, dedans,
C'est pour ça qu'elle sent le printemps.

Le pyjama de mon petit frère
Est plein de taches, beurk,
Je fais attention quand je l'embrasse !

Mon petit pyjama à moi
Est tout couvert de bébés chats
Qui ronronnent dès que je l'enfile.

Voilà pourquoi le soir je file
Vite me coucher :
J'adore me faire câliner !

⑪ Le savarrière

Un savant,
C'est quelqu'un
Qui sait tout
AVANT les autres gens,
Quelqu'un d'intelligent.
Un savarrière, alors,
C'est quelqu'un
Qui est toujours à la traîne,
DERRIÈRE les autres gens.
Il ne retient rien,
C'est embêtant,
Il a beau faire des efforts,
Cela rentre d'un côté
Et puis cela ressort !

⑫ Badaboum !

Je mets un cube jaune
Sur ton cube rouge,
Tu mets un cube bleu
Sur mon cube jaune,
Bravo ! rien ne bouge.

Je mets un cube vert
Sur ton cube bleu,
Tu mets un cube blanc
Sur mon cube vert,
Et là, *badaboum !*

Tout tombe par terre !

13 On se déguise ?

Pour se déguiser
Ce n'est pas compliqué,
Il faut juste faire preuve
D'inventivité !
Enfiler un tee-shirt
Trop grand,
Garder son bas de pyjama,
Se colorier le bout du nez
Avec le rouge à lèvres
De Maman,
Pour terminer
Mettre les chaussures
De Papa.

Oh, le joli clown que voilà !

14 Le bel automne

Voici venu le temps
Des balades en forêt,
Le nez en l'air,
Pour regarder les feuilles
Danser,
Rouges, jaunes, dorées,
Le nez par terre,
À la recherche des champignons
Qui ont poussé,
Mais vite se cachent
Quand vous passez,
Pour ne pas finir en omelette
Au dîner !

15 Petit écureuil

Petit écureuil
Cherche son chemin,
Il s'est perdu,
Il a du chagrin.
Mais où est son nid ?
Il essaie un arbre,
Ce n'est pas le sien,
Le sien a des feuilles
Et pas des épines
Comme ce grand sapin.
Il a tant de larmes,
Ce petit écureuil,
Que les petits lapins
En sont tristes aussi,
Alors gentiment
Ils cherchent avec lui.
Au bout d'un moment
Le petit étourdi
Reconnaît son arbre,
Retrouve son nid.
Il a eu bien peur
Mais en attendant
Il a maintenant
De nouveaux amis !

16 Chacun ses goûts

Je suis un garçon
Mais je déteste
Les gros camions,
Je préfère cent fois
Les petits bébés
Tout ronds, tout mignons.
Je suis une fille
Mais je n'aime pas
Les trucs qui brillent,
Je préfère cent fois
Jouer aux billes.

Chacun ses goûts et ses envies,
Et plus belle sera la vie !

17 Bébé Sacha

Je mets mon nez dans ton cou,
C'est si doux, c'est sucré,
Je te tiens dans mes bras, serrée,
Et la bulle se recrée,
Un ange passe,
Tu t'agites, je te lâche
À regret mais comblée
De douceur et d'amour
Partagés.

18 Ma main

Ma main est ouverte,
Coupe large, offerte,
Je t'appelle,
Je veux jouer,
Partager,
Te donner.

Mon poing est serré,
Petite boîte bien fermée,
Je ne veux pas,
Je recule,
Je me fâche,
Je garde tout pour moi.

19 Le bisou d'esquimau

Pour faire un bisou d'esquimau,
Il faut se frotter le museau
En se regardant au fond des yeux
Comme le font les amoureux,
On peut se faire des chatouilles,
Il y en a même qui font l'andouille,

Voilà pourquoi ce bisou-là,
Est le préféré des papas !

20 La barbe !

Papa, tu piques !
Veux-tu bien te raser
Avant de m'embrasser !
Tu as des poils partout,
Je préfère quand c'est doux,
Quand tu ne piques pas,
C'est mieux pour les bisous,
S'il te plaît, rase-toi !

21 Le monstre aspirateur

J'ai peur
Du gros aspirateur
Qui dort dans le placard
Replié sur lui-même.
Je fais bien attention
De ne pas le réveiller,
Je ne veux pas de problème.
Hélas, j'ai beau marcher
Sur la pointe des pieds,
Toujours il m'entend,
Et il se réveille.
Il déplie brusquement
Sa trompe d'éléphant
Et aspire droit devant
En grognant furieusement !
Vite je cours me cacher :
Il est si affamé
Que je crois qu'il pourrait
M'avaler tout entier
Sans s'en apercevoir,
Le monstre du placard !

22 Le Grand Méchant Dodu

Qui es-tu ?
Je suis le Grand Méchant Dodu.
Où habites-tu ?
Dans les bois sombres et très touffus.
Que fais-tu ?
Je guette les petits enfants perdus.
Les croques-tu ?
Seulement s'ils sont bien dodus.

AU SECOURS !

Petite fille, je t'ai bien eue !
Je ne suis pas un grand méchant,
Je ne mange pas les enfants,
Je leur fais juste une grosse peur
Et je leur vole leur quatre-heures !

23 Loup de pacotille

Je suis un loup,
Oui, mais pas méchant,
Un petit loup de pacotille,
Et si tu cries, je déguerpis,
Je suis un loup,
Oui, avec des dents,
Mais je ne mange
Jamais les gens,
Je préfère la soupe,
Les laitages et les féculents,
Et puis aussi,
De temps en temps,
Une bonne glace à la vanille
Avec du chocolat
Fondant.

24 Pour parler d'amour

Pour parler d'amour
Mon papa me serre
Très fort dans ses bras.

Pour parler d'amour
Ma maman m'embrasse
Dans le creux du cou.

Pour parler d'amour
Mon grand frère me porte
Haut sur ses épaules.

Pour parler d'amour
Ma toute petite sœur
Tend ses mains vers moi.

Un câlin, un baiser, des épaules
Et des petites mains à serrer,
Que c'est bon de s'aimer !

25 Joli bidon

Regarde la dame !
Elle a un ventre tout rond,
Elle a un ventre-ballon,
Est-ce qu'elle a trop mangé
De frites et de crèmes glacées ?

Mais non !
Dans son ventre tout rond,
Dans son ventre-ballon,
Bien au chaud, protégé,
Il y a un petit bébé !

26 Chien savant

Je veux bien aller au musée
Mais seulement avec mon chien,
Il se tient bien, il est dressé
Et il adore les tableaux anciens,
On se promène de pièce en pièce,
Il me montre ses toiles préférées,
Il est très calé en peinture
Et c'est bien le seul de son espèce,
Je vous l'assure,
Qui n'osera pas lever la patte
Sur une sculpture.

27 Trop petit

Je suis trop petit pour ci,
Je suis trop petit pour ça,
Faire couler l'eau du bain,
Téléphoner à Papa,
À table couper le pain,
Me servir du chocolat,
Goûter un verre de vin,
Dormir chez un copain…
Là, je ne comprends pas !
Dormir chez un copain,
Ce n'est pas compliqué,
Il n'y a pas de danger,
Alors expliquez-moi
Pourquoi je ne peux pas ?

28 Saperlipopette !

Ce n'est pas facile
D'aller aux toilettes
Lorsqu'on est petit,
Saperlipopette !
Il faut d'abord
Escalader la cuvette,
Attraper le papier
Sans en prendre trop,
Et ne pas dérouler
Tout entier le rouleau,
Ensuite s'essuyer
Sans en mettre partout,
Vraiment ce n'est pas facile,
Pas facile du tout !

29 Maman hibou

Maman hibou,
C'est quand Maman fait les gros yeux,
Lorsque j'ai fait une bêtise
Ou que je pique une petite crise
Parce que je veux ci et pas ça,
Hou ! Hou ! crie-t-elle d'un ton furieux,
Tu n'es pas gentil avec moi,
Je vais me fâcher, tant pis pour toi !
Alors pour me faire pardonner,
Je lui fais vite un gros baiser
Sur le bout du bec,
Et elle redevient
Super chouette !

30 Soupe à la grimace

En hiver dans les chaumières,
Les petits enfants mangent
De la soupe aux petits oignons,
Aux poireaux, aux pommes de terre,
Parfois ils trouvent cela très bon,
Mais parfois, parfois hélas,
Le chou vert, les navets,
Tout cela reste coincé,
Rien à faire, rien ne passe,
Il ne leur reste plus qu'à manger
De la soupe à la grimace !

31 Soir d'Halloween

Le vent souffle sur la colline
Où je suis allé tantôt,
C'était le soir d'Halloween,
Je voulais jouer au héros.

Tout en haut de la colline,
Il y a une maison perchée,
Elle est sombre, tout en ruines,
Et les volets sont fermés.

Devant la porte d'entrée,
J'ai hésité un moment,
Finalement je l'ai poussée,
Elle s'est ouverte en grinçant.

Ce que j'ai vu m'a glacé :

Tout au bout d'un long couloir,
Deux yeux rouges me regardaient !
Cette fois je n'ai pas hésité :
En courant je me suis sauvé !

Novembre

1 Gris ennui

GRIS ennui
Comme la pluie
Quand elle tombe
Du ciel triste,
Qu'elle étouffe
Tous les bruits
Et l'envie
De sourire,
Dans ce cas
Se blottir dans son lit
Et puis lire
Ou sortir sans chapeau
Sous la pluie,
Se moquer des gouttes d'eau,
Sauter dans les flaques d'eau,
Devenir escargot.

Un petit gris,
Tout mimi,
Tout gentil.

2 Une histoire à inventer

Il y a un crayon
Juste posé là,
Si tu le prenais ?
Si tu écrivais
Pour moi ?

Tu me raconterais
Une histoire,
Une histoire à toi,
Et je la lirais
Le soir dans tes bras.

N'écris pas la fin,
Je ne préfère pas,
Laisse-moi terminer
Cette histoire
Pour toi.

Pour que je te la dise,
Pour que toi aussi,
Tu aies une surprise.

3 Nuit doudouce

Tout à l'heure
Je mettrai dans ton lit
Tout un tas de doudous
Pour que tu n'aies pas peur
Quand je serai partie,
Pour que ta nuit soit douce,
Lorsque tu rentreras,
Ils te feront pour moi
Tout un tas de bisous,
Et tu t'endormiras
Blottie entre leurs pattes
Et leur fourrure toute douce
En pensant fort à moi !

4 Le réparateur de bêtises

Je suis le réparateur de bêtises,
Les bêtises des petits enfants.
Je répare les trous dans les chemises,
J'efface les taches sur les vêtements,
Je remets de l'ordre,
Je fais du rangement,
Je retrouve les clés de la maison,
Je recolle même les carreaux cassés
Par les ballons.

Pour m'appeler, tapez des mains
Huit fois de suite,
Cela ne vous coûtera presque rien,
Une friandise et puis une bise
Pour le réparateur de bêtises !

5 Ma poupée tracas

J'ai un tracas,
Un gros souci qui me tracasse,
Il s'est installé dans ma tête
Et depuis j'y pense sans cesse,
Cela m'angoisse, cela m'inquiète,
C'est sûr, cette nuit, je vais rêver,
Mon souci va se transformer
En gros cauchemar,
Que dois-je faire pour le chasser ?

Fabrique-toi une poupée
Avec un morceau de bois,
Du tissu, de la colle,
Et glisse-la sous ton oreiller
Au moment de te coucher,
Sans oublier de lui raconter
Tout ce qui te tracasse,
Cette nuit, crois-moi,
C'est elle qui rêvera
À ta place.

6 Câlin câlinou

Câlin câlinou,
Serrons-nous l'un contre l'autre,

Câlin câlinou,
L'hiver sonne à notre porte,

Câlin câlinou,
De l'hiver, nous on se moque,

Câlin câlinou,
Tant qu'on est l'un avec l'autre.

7 Trop méchant !

Je ne veux plus
Te parler,
Tu es vraiment
Trop méchant,
Le plus méchant
Du monde entier,
Tu m'as poussé,
Poussé par terre,
C'était exprès,
Je suis tombé,
Tu es vilain,
Je ne veux plus
Te voir,
Je ne suis plus
Ton copain,
Au revoir.

8 Philibert le coquin

J'ai retrouvé Philibert,
Mon petit hamster,
Il s'était perdu
Depuis avant-hier,
J'étais très inquiet,
Je l'avais cherché
Partout, sans succès,
Et puis le téléphone a sonné,
C'était Pierre, mon voisin,
Il m'a dit : « Vite, viens !
J'ai trouvé un petit coquin ! »

Quand je suis arrivé,
Devinez ce que j'ai vu ?
Philibert, bien installé,
Dans la cage de Lulu,
Le petit hamster de Pierre !

Je l'avais bien dit :
« Enfermé dans une cage,
Tout seul, sans ami,
Ce n'est pas une vie ! »

9 Douceur

J'aime ta douceur,
Ta chaleur,
Me blottir
Tout contre toi,
Rester là, comme ça,
Un moment
Longuement,
Ne plus s'occuper
Du temps.

10 Je rime !

Je rime
Tu rimes
Il rime
Nous rimons
Vous rimez
Ils riment.
Ça rime à quoi
Tout ça ?
Ça rime à rien
Mais si tu ris,
C'est déjà bien !

11 Pas la guerre !

La guerre,
Ça fait du mal,
Ça fait des larmes,
Des malheureux
Et puis du feu
À chaque fois.

Parfois,
Lorsqu'on est fatigué
De se faire la guerre,
Lorsqu'on a trop souffert,
On se réconcilie,
L'armistice est signé,
Cela veut dire que la guerre
Est enfin terminée,

Cela veut dire que les armes,
Les canons, les fusils
Sont rangés, bien rangés,
Plus question d'y toucher,
Cela veut dire que les hommes
Ont enfin fait la paix.

La guerre,
Ça fait du mal,
Ça fait des larmes,
Des malheureux,
Et puis du feu
À chaque fois,
Moi je n'aime pas,
Même pour de faux,
Je ne veux pas
Jouer à ça.

12 Doux sommeil

Petit garçon qui dort
Enroulé dans ses draps
En serrant dans ses bras
Son nounours chéri,
N'aie pas peur de la nuit
Qui tombe autour de toi,
Laisse-la venir,
Surtout ne la crains pas,
Elle berce les enfants
Dans le creux de leur lit,
Elle allume des étoiles
Jusqu'au cœur de leurs rêves,
Et elle les fait grandir,
Sans qu'ils s'en aperçoivent.

13 Dans la boue !

Je saute dans la boue
Splatch ! Splatch !
Je m'en mets partout
Splatch ! Splatch !
Que c'est rigolo
Splatch ! Splatch !
De patauger dans l'eau
Splatch ! Splatch !
Je vais me faire gronder
Splatch ! Splatch !
Alors autant continuer
Splatch ! Splatch !
De sauter !

14 L'hibouée

Dans la forêt,
J'ai rencontré une bouée
Rouge et gonflée,
Qu'est-ce qu'elle fait là ?
Je ne sais pas.

Dans la forêt,
J'ai rencontré un hibouée,
C'est un hibou
Avec une bouée autour du cou !
Hé ! Pourquoi pas ?

15 Drôle de coquille

Qu'est-ce qui se cache
Dans cette coquille qui se fendille ?

Un escargot
Tout mou dedans ?

Un petit poussin
Au duvet blanc ?

Un petit croco
Tout plein de dents ?

Ou un oiseau
Qui crie « Maman ! » ?

Regardez bien, regardez encore :
C'est un petit bébé dinosaure !

16 Trains amoureux

Les TGV,
Ce sont mes trains préférés,
Parce qu'ils sont beaux
Et élancés,
Rapides et jamais fatigués,
Mais surtout,
Avez-vous remarqué ?
Ce sont des trains amoureux,
Ils voyagent souvent
Deux par deux
Et échangent de longs baisers,
Pas gênés,
C'est pour cela qu'ils vont si vite,
Parce que l'amour donne des ailes,
Et qu'à deux, la route est plus belle.

17 Commandant Papa

Je vole, je plane
Et j'ai des ailes,
Dans le ciel,
Je suis le capitaine
Après le soleil,
Je vole, je plane
Et j'ai des ailes,
Dans le sillage
De mon appareil,
Je dessine des fleurs
Et des « Je t'aime »
Pour mes petits
S'ils lèvent les yeux,
Et pour ceux
Qui sont malheureux.

Un peu de rêve
Dans le ciel bleu.

18 Dîner de sorcière

En entrée, ce soir, vous avez
De la soupe de chaussettes-
Poireaux-pommes de terre,
Pas de grimaces, s'il vous plaît,
Ce n'est pas votre préférée,
Mais je n'ai pas trouvé de limaces,
Désolée,
En plat, je vous ai cuisiné
Un beau lézard sauce tartare,
Comme vous aimez,
Et si vous avez bien dîné,
Comme dessert vous aurez
De la mousse à la vipère
Ou une belle araignée givrée,

Allez, à table, petits sorciers !

19 La maison bourrue

Tout au bout de ma rue,
Il y a une maison bourrue,
Avec une porte qui avale
Ceux qui ne frappent pas gentiment,
Ses fenêtres font les gros yeux
Quand on parle fort en passant,
Et sa cheminée éternue
Dès qu'elle entend des mots méchants.

À l'intérieur habite sûrement
Une personne un peu bourrue
Mais pas méchante,
Qui aime que les gens soient aimables,
Tout simplement.

20 Petit fantôme veille

Je connais un petit fantôme
Qui ne fait peur à personne
Sauf aux vilains cauchemars
Qui sortent quand vient le noir.
Il se perche sur l'armoire
Et il ouvre grand les yeux,
Il brille d'un très joli bleu
Et rien qu'à le regarder
Je m'endors rassuré.
Le matin, Maman l'éteint,
Et je ne pense plus à lui,
Mais dès que la nuit revient,
C'est lui mon meilleur ami !

㉑ Vive les courses !

J'adore aller au supermarché
Faire les courses avec Maman,
Et aussi faire la course
Avec les autres gens !
Je m'installe derrière le Caddie,
Et voilà, c'est parti !
On fonce dans les rayons
Et j'attrape au passage
Un paquet de spaghettis,
De la crème, des lardons,
Puis j'enclenche l'embrayage
Pour arriver plus vite
Au rayon des laitages,
J'essaie bien de tourner
Pour passer devant les jouets,
Mais Maman reprend le contrôle
Juste devant les casseroles,
Ce n'est pas terminé,
C'est la dernière ligne droite,
On slalome jusqu'aux caisses,
Il ne faut rien faire tomber,
Et on franchit enfin
La ligne d'arrivée,
Youpi, on a gagné !

22 Quel cinéma ?

« Arrête de faire ton cinéma ! »
Me dit, en rigolant, Papa,
Quel cinéma ?
Je ne comprends pas,
Je ne fais pas de cinéma,
Par contre j'aimerais bien
Y aller, au cinéma,
Pour voir sur un écran géant
Un film, un dessin animé,
En mangeant des crèmes glacées,
Des bonbons ou des chocolats.

Et si on y allait, Papa ?

23 Récidive

Mon petit hamster
Nommé Philibert
Est ENCORE parti,
Parti prendre l'air,
Je suis fatigué,
Vraiment fatigué,
De lui courir après,
Il peut bien aller
Où il a envie,
Moi j'en ai assez
De le surveiller !
Si vous le voyez,
Dites-lui que je suis
Parti m'amuser
Au fond du jardin
Avec mes copains !

24 Le vélo sans roulettes

Le vélo sans roulettes,
Cela ne m'amuse pas,
Je tombe chaque fois,
Et chaque fois j'ai mal,
On me traite de fillette,
De bébé, de mauviette,
Cela m'est bien égal !
Je ne suis pas pressée,
Je préfère attendre
De devenir une grande
Pour ne plus tomber.

25 Randonnée

La petite fourmi nous a suivis
Sur le chemin du paradis
Qui monte le long de la montagne,
Elle a trotté à nos côtés
En portant son petit sac à dos
Sans se plaindre et sans rouspéter
Alors que moi j'étais K.-O.,
Je la voyais de temps en temps
Et soudain elle disparaissait.

De la chercher tout en marchant,
Cela m'aidait à avancer,
Et je me suis retrouvée
Tout en haut de la montagne
Sans même penser à mes mollets !

La petite fourmi m'a saluée
Puis elle s'est remise à trotter,
Je me demande où elle allait.

26 Le cadeau de Robin

Pour ton anniversaire
Je t'ai fabriqué
Un petit quelque chose
Avec du papier,
De la colle, des crayons,
Ce n'est pas grand-chose
Mais je l'ai fait tout seul,
Sans personne pour m'aider,
Ce cadeau est pour toi,
Mon gentil petit Papa,
J'espère qu'il te plaira,
Mais avant de le déballer,
Tu dois d'abord deviner
Ce que c'est !

27 Jacques a dit

Jacques a dit a dit :
« Levez le bras droit. »

Jacques a dit a dit :
« Faites le petit chat.
Tout le monde s'assoit.
Perdu ! Allez, encore une fois. »

Jacques a dit a dit :
« Embrassez-vous. »

Jacques a dit a dit :
« Croisez les bras.
Ouvrez les bras.
Je vous ai eus encore une fois ! »

28 Palmiers ébouriffés

Sur la Croisette,
Le soleil brille,
Le mistral souffle,
Mais les palmiers
Font la tête,
Il y a trop de vent,
Cela les embête,
Ils en sont tout ébouriffés,
Ils voudraient bien se reposer,
Arrêter un peu de danser
Et de se faire secouer
Comme des pruniers
Qu'ils ne sont pas,
Tout le monde sait ça,
Voilà pourquoi
Ils font la tête
Sur la Croisette.

29 Vue du ciel

Au départ, la nuit
La ville tout allumée
Scintille comme un trésor
Puis l'avion monte encore
Au matin, du soleil
Une mer de nuages
Et en dessous, la mer
En tapis de lumière
Puis l'avion redescend
Quelque chose se dessine
Entre l'eau et le ciel
Une île

30 Îles

Ah ! les îles,
Le soleil, la plage,
Et tout près l'eau turquoise,
Rêver sous les palmiers,
S'amuser, se baigner,
Lire, rêver encore,
Et se laisser aller
Là, sur le sable d'or.

Décembre

1 Trop d'habits !

Je déteste l'hiver
À cause des bonnets piquants,
Des grosses écharpes
Et puis des gants
Où les doigts se mélangent
Tout le temps,
C'est agaçant,
Cela prend trop de temps,
Il fait trop chaud
Sous ces vêtements,
Je préfère l'été,
Où l'on est libre de se balader
Le nez en l'air,
Les fesses à l'air,
Sans se faire gronder
Parce qu'on n'a pas bien enfilé
Son bonnet, son écharpe
Et ses gants fourrés.

2 Mon pouce et moi

Quand je suis fatigué,
Triste ou grognon,
Dans la voiture,
Devant la télévision,
Où que je sois,
Je sors mon pouce,
Hop ! Et voilà !
Il est toujours là,
Prêt à l'emploi,
C'est un doudou
Qui ne s'use pas,
Me suit partout,
Ne se perd pas.
Comment voulez-vous
Que l'on se sépare,
Lui et moi ?

3 Brossage des dents

Se brosser les dents,
C'est très important
Pour qu'elles soient jolies
Et pour ne pas avoir
De vilaines caries,
Et puis aussi
Pour que la Petite Souris
Ait très très envie
De venir les chercher,
Aussitôt tombées !

4 Au dodo !

J'enfile mon pyjama
Pour avoir bien chaud
À mes petits bras
À mon petit dos,
Mais je n'irai pas
Tout de suite au dodo,
Je ne suis plus un bébé,
Je sais m'habiller
Tout seul comme un grand,
Donc je peux rester
Un peu plus longtemps
Devant la télé !

5 Vilain rhume

Les yeux qui piquent,
Le nez bouché,
Des frissons
De la tête aux pieds,
Mal à la tête,
Mal à la gorge,
Je ne suis pas bien,
Je suis fatigué.
Ce vilain rhume
M'a transformé
En petite boule
Sous l'édredon,
En petite boule
Vraiment ronchon.
Je ne suis pas bien,
Je suis fatigué,
Vivement que ce rhume
Soit passé !

6 C'est la Saint-Nicolas

Petits enfants,
Couchez-vous vite !
C'est le soir de saint Nicolas,
C'est cette nuit qu'il va passer,
Lui avez-vous bien déposé
Un verre de vin chaud ou du lait
Juste au pied de la cheminée ?
Sans oublier quelques carottes
Pour sa petite mule chargée
De cadeaux et de friandises…
Petits enfants,
Levez-vous vite !
C'est le jour de la Saint-Nicolas,
Courez voir à la cheminée,
Saint Nicolas est-il passé ?
Si oui, vous avez de la chance,
Dansez, chantez toute la journée
Pour remercier le beau vieillard
À la barbe blanche
Qui vous a gentiment gâtés !

Et pensez aux petits enfants
Qui n'ont vu que le Père Fouettard
Hier soir…

7 Patinoire ou patiblanche ?

Je ne suis jamais allé
À la patinoire
Mais lorsque j'y pense
Je frissonne d'avance,
Je préférerais aller
À la patiblanche,
Ce serait plus gai,
Qu'est-ce que tu en penses ?

8 Frères et sœurs

Je t'aime,
Moi non plus,
Je veux dire
Moi aussi
Enfin cela dépend
Une fois non
Une fois oui
Je t'aime
Lorsque tu es gentil
Et je ne t'aime plus
Lorsque tu es méchant
Enfin plus vraiment
Mais un peu quand même
Un peu beaucoup
Beaucoup
Je t'aime.

9 Tête à poux

J'ai attrapé des poux,
Je n'y comprends rien du tout,
Moi qui suis propre comme un sou,
Ça me gratte, ça me gratte,
Et je n'aime pas ça du tout,
Même si l'on n'est pas copains,
Petits poux, je vous préviens,
Maman prépare un shampoing
Qui ne sera pas à votre goût,
Alors moi, si j'étais vous,
Je chercherais une autre tête,
Une autre petite tête à poux,
Pour jouer et faire la fête !

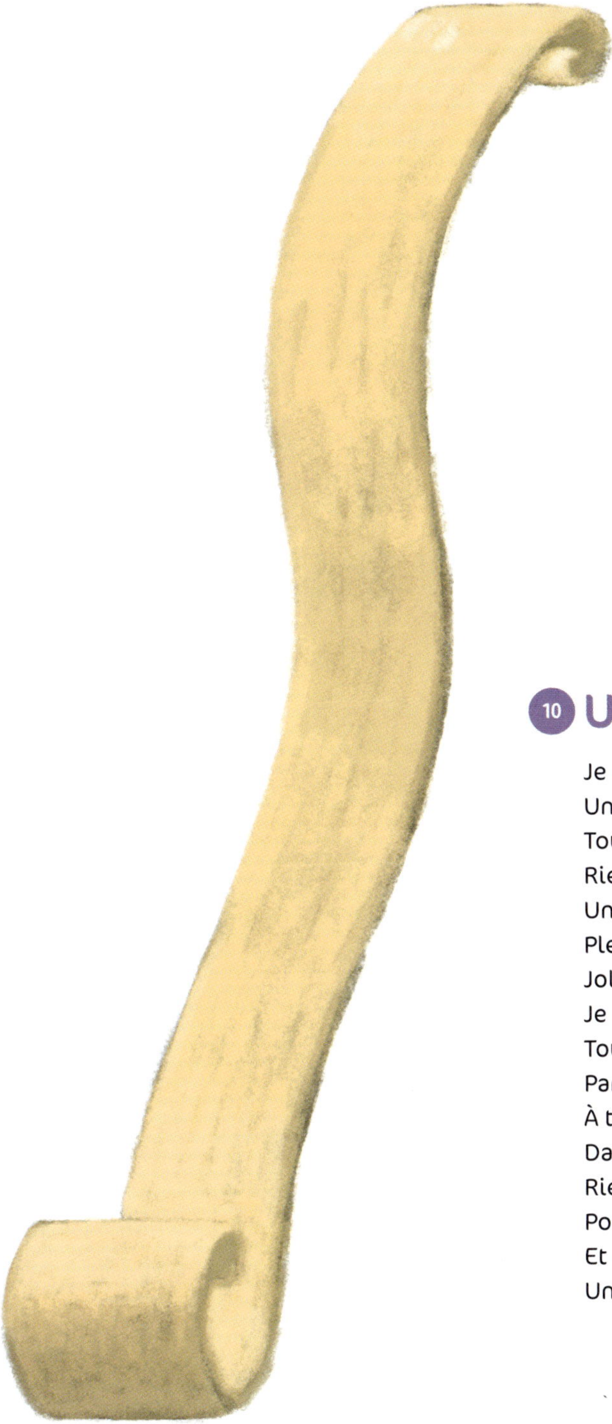

10 Une petite lettre

Je vais t'écrire
Une petite lettre,
Toute petite,
Rien que pour toi,
Une petite lettre
Pleine de mots
Jolis, tendres, rigolos,
Je vais écrire
Tout petit,
Parce que j'ai beaucoup
À te dire
Dans cette lettre
Rien que pour toi,
Pour te faire rire
Et que tu penses
Un peu à moi.

11 Sur le pot !

« Pose ton popotin
Sur ton pot !
Dit madame Wapiti
À son petit chéri,
C'est ainsi qu'il faut faire
Lorsque l'on est petit,
Ainsi, pas autrement,
Écoute ta maman,
Sois gentil, mon chéri,
Pose ton popotin
Sur ton pot,
Merci. »

12 Dessine avec moi

Dessine avec moi
Un singe à lunettes
Et puis un gros chat
Qui fait des risettes
À un koala
Qui joue de la trompette
À un zèbre à pois
Qui a l'air très bête
Tout ça parce qu'il a
Perchée sur la tête
Une très grosse oie
Qui chante à tue-tête
Parce qu'elle se croit
La reine de la fête !

13 Monsieur le crocodile

Avant de se coucher,
Monsieur le crocodile
Se déshabille,
Il enlève son chapeau,
Tout mouillé,
Ses chaussettes, toutes trouées,
Ses chaussures, sa ceinture,
Et bien sûr sa culotte.

Quand il a terminé,
Monsieur le crocodile
Se couche dans son lit,
Grignote des carottes,
Puis enfin il s'endort
La tête sur l'oreiller
En serrant dans ses bras
Son doudou préféré !

14 Boules de neige !

La neige est arrivée
Cette nuit,
Elle s'est posée sans faire de bruit
Dans le jardin,

Quelle surprise au réveil !
Du blanc partout,
Du blanc merveille,
On a couru dans le jardin,

En pyjama, dans le jardin,
On a écouté le silence,
On a caressé la neige blanche,
Et on a eu la même idée,

Boules de neige à volonté !

15 Sapin coquet

Aujourd'hui
On décore le sapin,
On l'a acheté hier
Dans un joli pot tout vert
Pour pouvoir le replanter
Une fois Noël passé,
Quel plaisir de déballer
Toutes les décorations
En faisant bien attention
De ne rien laisser tomber !
Le sapin se laisse habiller
De belles guirlandes dorées,
Et il étend bien ses branches
Pour que les petits enfants
Puissent accrocher facilement
Les boules et les friandises,
Une étoile sur sa tête,
Et le voilà terminé,
Maintenant jusqu'à Noël,
C'est lui le roi de la fête !

16 Je t'aime

Je t'aime
Un peu beaucoup
Passionnément
À la folie
Mais jamais pas du tout,

Et ce n'est pas une fleur
Qui dira à mon cœur
Comment il doit t'aimer,
Non mais !

17 Graine de bébé

C'est une petite graine
Qu'un papa a plantée
Dans le ventre d'une maman,
On ne sait pas bien comment,
Un jour qu'il était content
Et la maman aussi, évidemment.
Il faut attendre longtemps,
Neuf mois exactement,
Laisser la petite graine pousser,
Dans le ventre, bien protégée,
Pas besoin de l'arroser.

Après cela donne un bébé,
Pas une fleur,
Il ne faut pas tout mélanger.

18 Raconte-moi

Raconte-moi le soleil
Qui se couche dans la mer,
Raconte-moi la mer
Qui danse avec ses vagues,
Raconte-moi les vagues
Qui embrassent la Terre,
Raconte-moi la terre
Qui fait pousser les fleurs,
Raconte-moi les fleurs
Qui murmurent dans le vent,
Raconte-moi le vent
Qui fait chanter les arbres,
Raconte-moi les arbres
Qui parlent aux étoiles,
Raconte-moi les étoiles
Qui font briller le ciel,
Et puis tout à la fin,
Raconte-moi l'arc-en-ciel.

19 Pull de reine

Mamie,
Prends tes aiguilles,
Du fil et de la laine
Et fais-moi un beau pull,
Un beau pull qui brille,
Un peu comme le soleil
Avec toutes les couleurs
D'un joli arc-en-ciel,
Et quand je l'enfilerai,
Je n'aurai plus de peine,
Le cœur réchauffé,
Je serai une reine !

20 Rêve d'ailleurs

Yeux fermés
Je suis installée sur la plage
Fauteuil douillet
Jus d'orange frais
Je regarde le soleil se coucher
S'enfoncer dans la mer

Yeux ouverts
Le feu brûle dans la cheminée
Fauteuil douillet
Chocolat chaud et parfumé
Douceur, chaleur
Je regarde les flammes danser

Ici aussi, cela me plaît.

21 C'est l'hiver

L'hiver, le froid
Et les batailles
De boules de neige,
Le silence des arbres,
Le paysage blanc
Comme au milieu d'un rêve,
Les pas tout en douceur,
Les premières perce-neige,
Et ce petit rouge-gorge
Qui met de la couleur
Tout au fond du jardin,
Qui sautille gaiement
Et toque à la fenêtre,
Pour dire que le printemps
Sera là demain,
Après-demain
Peut-être.

22 Vivement Noël !

Le Père Noël
Est amoureux,
Amoureux fou
De la Mère Noël,
Toute l'année
Il la couvre
De baisers
Et de bijoux,
Mais à Noël,
Le Père Noël
Est embêté,
Que lui offrir
Pour changer ?

« Emmène-moi
Sur ton traîneau
La nuit de Noël,
Ensemble distribuons
Les cadeaux »,
Voilà ce que veut
La Mère Noël.

« Blotti contre elle
Sur mon traîneau,
La nuit de Noël
Sera bien belle »,
Se dit tout bas
Le Père Noël,
Vivement Noël !
Vivement Noël !

23 Loup, y es-tu ?

« Loup, loup, es-tu là ?
– Non, je n'y suis pour personne.
– Loup, loup, m'entends-tu ?
– Non, je n'entends personne.
– Loup, loup, réponds-moi !
– Je suis occupé, petit homme.
– Loup, loup, que fais-tu ?
– Je prépare une tarte aux pommes.
– Loup, loup, attrape-moi !
– Certainement pas, mon bonhomme.
Tu peux aller voir ailleurs
Si le loup n'y est pas,
Car ce soir, ce n'est pas moi
Qui te ferai peur ! »

24 Petit Papa Noël

Chaque année, le soir de Noël,
Je dépose devant la cheminée
Un verre de lait, des caramels,
Pour le Petit Papa Noël.

Puisqu'on dit qu'il est petit,
Le Petit Papa Noël,
Il doit être bien fatigué,
Avec tous ces cadeaux à porter.

Et même s'il est très costaud,
Il a bien le droit de se reposer,
Et lui aussi, de se faire gâter,
Avant de finir sa tournée !

25 L'heure des cadeaux

C'est le matin de Noël,
Il fait encore noir,
Mais je suis déjà levé
Car je voudrais bien savoir
Si le Père Noël est passé,
J'ai été plutôt sage,
Je ne suis pas inquiet,
Mais on ne sait jamais,
S'il m'avait oublié ?
J'ouvre doucement
La porte du salon
Et je me précipite
Sur mes petits chaussons,
Il y a trois paquets,
Deux petits et un grand,
Youpi ! vite, je file
Réveiller les parents
Pour qu'on déballe ensemble
Tous ces jolis présents !

26 Jeux vidéo

« Les enfants,
La console, cela suffit !
Assez joué pour aujourd'hui !
Entendez-vous ce que je dis ? »

Les jeux vidéo,
C'est rigolo pour les enfants,
Mais pas du tout pour les mamans,
Elles croient toujours
Que cela rend idiot ou méchant !

27 Danseuse étoile

Pendant le cours de danse,
Madame le professeur
Nous met de la musique
Et l'on glisse sur la piste
Comme de vraies artistes,
Elle dit qu'on est des fées,
Avec de jolies ailes
Et des jambes toutes légères,
On fait semblant de voler,
1, 2, 3, demi-pointe, petits pas,
4, 5, 6, entrechat, pas croisés,
7, 8, 9, on s'élance bras levés,
10, 11, 12, on essaie de toucher
Le ciel et les étoiles !

Moi ce que j'aimerais,
C'est en attraper une,
Comme ça je deviendrai
Plus vite danseuse
Étoile.

28 Roi du silence

1, 2, 3, roi du silence !
Plus personne ne parle,
On se tait !
Je veux entendre les mouches
Voler,
Les nuages passer dans le ciel
Et même le chant des hirondelles,
Qui va gagner ?
Qui sera le roi ou la reine du silence ?
Et qui se fera appeler
« Sa Majesté »
Pour le restant de la journée ?

29 Tata Yoyo

C'est une tata qui fait du bruit,
Avec des bracelets
Qui se balancent à ses poignets
Et des bras qui nous attrapent,
Pour nous serrer, nous embrasser,
Et parfois même, pour danser !
Elle change d'humeur
Tous les quarts d'heure,
Et vit dans un monde
Plein de fleurs et de lutins
Qu'elle dit croiser dans son jardin !

Ses lutins, on ne les voit jamais,
Mais on ne lui dit rien,
Pour ne pas la peiner.

30 Serpille, petite fille !

« Que fais-tu, petite fille ?
– J'astique, je frotte et je serpille
Pour que tout soit bien propre,

Quand Maman rentrera,
Ce soir elle trouvera
Une maison qui brille,

Elle sera fière de moi
Et puis, pour une fois,
Elle restera tranquille,

Voilà pourquoi je frotte,
J'astique et je serpille. »

31 C'est la fête !

Ce soir,
C'est le jour de l'An,
Les parents, les enfants,
On va tous faire la fête,
Danser, chanter
Avec tous nos amis,
Et puis se régaler,
S'endormir à pas d'heure,
S'embrasser sous le gui
Quand minuit va sonner,
Se souhaiter du bonheur
Pour la nouvelle année,
Et au fond de son cœur
Faire quelques vœux secrets
Qui se réaliseront,
Peut-être oui, peut-être non,
L'important, c'est d'y croire !
Ce soir, c'est le grand soir,
Il faut en profiter,
Vive la nouvelle année !

Index